感受老欧洲

Ganshou Laoouzhou

古 楠/著

中国社会科学出版社

图书在版编目（CIP）数据

感受老欧洲/古楠著 . —北京：中国社会科学出版社，2008.1
ISBN 978 - 7 - 5004 - 6594 - 2

Ⅰ. 感…　Ⅱ. 古…　Ⅲ. 欧洲—游记　Ⅳ. K950.9

中国版本图书馆 CIP 数据核字（2007）第 190290 号

责任编辑　胡　靖
责任校对　曲　宁
封面设计　部落艺族
技术编辑　戴　宽

出版发行　中国社会科学出版社
社　　址　北京鼓楼西大街甲 158 号　　　邮　编　100720
电　　话　010—84029450（邮购）
网　　址　http://www.csspw.cn
经　　销　新华书店
印　　刷　三河君旺印装厂
版　　次　2008 年 1 月第 1 版　　　印　次　2008 年 1 月第 1 次印刷
开　　本　710 × 1000　1/16
印　　张　12　　　　　　　　　　　　插　页　2
字　　数　200 千字
定　　价　20.00 元

目　　录

1
天上人间（代序）

北京时间 13 时 22 分，中国国际航空公司 CA931 北京—法兰克福航班（B–747–400）从北京首都国际机场腾空而起。

客舱前方的电子屏幕上立刻显示出飞行方向和各种飞行数据：先向北，经赤峰进入蒙古人民共和国领空，再向西飞经俄罗斯、白俄罗斯、波兰等国，到达本次航班的目的地——德国的法兰克福。

机上的乘客以"老外"居多，与我邻座的就是一对儿西班牙夫妇，看上去年龄有五十开外。

他们的英语很好，交谈中得知，他们来自西班牙塞维利亚的一个乡村小镇，男的在一家假肢厂工作，女的是"家庭妇女"，这次是第一次随团到中国旅游，去了西安、北京。一路上，夫妇俩都在饶有兴致地摆弄着从北京购买的各种地图和精美画册，看起来十分开心、满足。

还有一些德国旅游者，他们都十分安静，有的在聚精会神地看书，有的在投入地听着音乐，有的就静静地坐在那里，像是在思考着什么大道理，让你不好意思去打扰。

14 时 47 分，飞机飞过蒙古人民共和国首都乌兰巴托上空。

从舷窗上看下去，一望无垠的荒原覆盖着整个大地，只有孤零零的城市轮廓散落其间。四周空荡荡的，与视野平行的，只有太阳，偶尔出现一架飞机，也瞬间就消失得无影无踪。

在这样的高度，已经能够让人微微领略到太空的寂寞与苍凉。

空中飞行，其吸引人之处就在于，世界以一种全新的态势呈现在眼前：山川河流，因全景式的观照而生动起来；茅屋广厦，因大尺度下的巡览而别具意义。"大地"这个字眼，唯有与天空映照才凸显其全部内涵。此时，人确实已经摆脱了"二维世界中的蚂蚁"的局限，目光也开始有了深度。

凭窗远眺，能见度非常好，连绵的丘陵之间偶见村落与厂房，道路蜿蜒其间，就像玛雅壁画上的线条，简单而神秘。

此时飞机飞行高度为 35000 英尺，10700 米。虽然飞行的速度很快，时速达到 880 公里，但对于眼下的大地景物而言，人在天上，感觉位移仍然很小，所以不知不觉之中就飞越了国界。

其实，在天空中根本就分不清国土疆界，人类的隔阂，更多的恐怕还是来自于心理上的障碍。就像邻座的西班牙夫妇，他们与我们之间的距离，语言的交流永远代替不了心灵的沟通。

此次西行，不知道是否能够真切体会到中西文化与观念的差异，感受亨廷顿所描绘的"文明的冲突"；抑或像某些"全球化学者"所宣扬的那样，世界已经大同，所有人都是地球村的一员，大家都是乡里乡亲。

恰恰是这样的好奇与期待，竟让我在飞机上无法静心阅读——"最好的飞行无疑是头脑中的飞行"——而一旦面对这样真实的长距离飞行，把自己命运的标签交给了空气、风和偶然性，所有的体验只在生死之间，也许就无法心平气和了。"出发的时刻已经来临，我们各自走自己的路吧——我去赴死，你们活着，哪一条路更好，惟有神知道。"（柏拉图《申辩篇》）文明的现代人，离苏格拉底的坦荡与凛然已经越来越远了。

17 时 48 分，飞机到达俄罗斯的车里雅宾斯克上空。

就在这个位置的正南方，阿富汗共和国的土地正在燃烧，命运多舛的阿富汗人民仍在忍受着战火的煎熬。

善良的人们不禁要问：人类的生存空间如此之大，为什么却要经常这样无休无止地纠缠在一起？

马克思说："历史事件发生两次的话，第一次是悲剧，第二次是闹剧。""恐怖活动"与"反恐怖战争"，与人类历史上任何一场自相残杀的冲突无异，不过是一枚硬币的正反两面而已，一旦被别有用心的人握在手中，局外人就无法判断孰正孰反了。

美国著名作家约翰·托兰说："历史不会重演，不断重演的却正是人类的本性。"（《漫长的战斗》）那么，纽约"9·11"梦魇，到底是人性的重演，还是人类已经泯灭了人性呢？

还是马丁·路德·金的那句名言：黑暗不能驱走黑暗，只有光明才能做到；仇恨不能驱走仇恨，只有爱心才能做到——心灵的疾病得不到治愈，人类的问题就永远得不到根本解决。

电视上一直播放着香港电影《甜蜜蜜》。似乎只有虚构的温情，才能满足人们的心理需要。

19 时 54 分，蓝色的电子屏幕上突然切换出一幅绿色的欧洲地形图，俄罗斯、乌克兰、波兰、德国、法国的轮廓赫然展现在眼前。此时，我们已经飞越了欧亚大陆的地理分界线——乌拉尔山和乌拉尔河，进入了欧洲。

随后，似乎就在一瞬间，飞机相继飞过了莫斯科、明斯克、华沙、柏林这些世界著名的城市。

舷窗外的阳光越发明媚，我们在与太阳同行。

随着飞行高度的慢慢降低，白云底下，一块广袤的大地出现在了眼前——这就是美丽的欧罗巴！

一直静悄悄的机舱开始出现兴奋的躁动，一路长途飞行的疲惫，顷刻间烟消云散，心跳也明显加快。

22 时 32 分，经过 9 个小时 10 分钟的远距离飞行，飞机终于降落在欧洲大陆最大的国际机场——德国法兰克福国际机场。

法兰克福地处东经 8°，是世界时区上的东 1 区，与北京时间相差七个小时，此时当地时间为 15 时 32 分。拨表，重新过一个下午。

法兰克福国际机场是欧洲大陆最大的国际航空中转站，凡到欧洲的旅客，大都要从这里换乘欧洲支线飞机或乘坐火车奔赴目的地，我们这次就是要在这里转机去比利时首都布鲁塞尔。

转机非常顺利，从下飞机到办理完转登机手续，算上乘坐地铁往来两座候机楼的时间，一共仅仅用了半个多小时，剩下的时间还可以品尝一下德国口味的咖啡，浏览当地花花绿绿的报纸。

法兰克福机场给我最深的感受，是机场人性化的设计。特别是乘客的进出口，设计简单，直来直去，没有障碍，任何人都可以畅通无阻，最大限度地体现了疏散客流的功能。候机大厅则宽敞明亮，休闲设施一应俱全。各种图示明确醒目，用不着开口咨询，也能搞得明明白白。在此转机的各国旅客就像逛大街一样，不慌不忙地就解决了所有问题。而且在这种完全国际化的环境下，外语在不知不觉中也就派上了用场。

当地时间 18 时 15 分，德国汉莎航空公司的 LH4200 法兰克福—布鲁塞尔航班（AB320）准时起飞，向西北方向的布鲁塞尔飞去。

飞机为欧洲空中客车飞机公司制造的"空中客车"，机舱内虽然没有波音飞机宽敞，看起来也不够气派，但人际空间特别是座位设计得十分巧妙、合理，让人感到非常舒服。

飞机上乘客不多，时值周末，人们都在急匆匆地赶着回家，只有旅行者在四处奔波。

机上提供的德国晚餐非常准时，但其口味却着实让许多刚刚踏上洋人土地的国人感到不适应，全麦面包又凉又硬，暗棕色的法兰克福香肠也味同嚼蜡，令习惯了美味珍馐的国人唏嘘感叹不已：祖祖辈辈的德国人，就是在这样的饮食当中，完成了那么多振聋发聩的伟大思考？

此时，外面已是漆黑一片。繁星点点中，一轮明月就挂在舷窗的上方。"月是故乡明"，古人的咏叹犹在耳畔，转眼间我们已经来到了一个完全陌生的地方。

物换星移，时过境迁，在"全球化"的今天，一切心境的写照都恍若隔世，"永恒"成为奢侈的幻想。

但是，在我们所能感知的这个世界上，尽管"绝对精神"早已不复存在，但万物生灵的生死存亡却是亘古不变的，任何时间，任何地点，任何人也改变不了。"千江有水千江月，一切水月一月摄"——禅，早已洞悉了这个世界上的一切。

当地时间 18 时 35 分，飞机抵达比利时王国首都布鲁塞尔国际机场。北京时间已是翌日凌晨 1 时 35 分，祖国新的一天已经开始了。

2
古老世界的心脏

建立无内部边界的空间，
促进经济和社会的均衡、持久进步。

——［欧盟］《马斯特里赫特条约》

美国作家布莱斯曾经在一本书中写道："在伟大欧洲中心的任何一个地方，生活中都充满激越。包含各种特色的文化因素使欧洲文明丰富多彩……无论居住在欧洲哪一个国家，你都会感觉到其他国家近在咫尺，他们的命运与你的命运息息相关，他们的思想情感在心灵深处与你时时交流。"

对美国人的"新大陆"而言，欧洲是"旧大陆"，是一个遥远的童话世界，是"美国人精妙绝伦的镇静剂"，美国人与欧洲人的恩恩怨怨，爱恨情仇，生于斯，止于斯。

对世界上更多的人来说，欧洲是一个活生生的博物馆，一长串的历史丰碑，五彩斑斓底蕴深厚的文化，丰富多彩的社会组合，怪诞温和的风土人情，等等。

对中国人来说，欧洲则是映衬着中华文明的另一座灯塔，拥有我们尚未具备也从未具备的一些东西。

这是一块见证人类文明和成就的大陆——

它人文荟萃，古迹众多，风光秀丽，是全世界向往与热爱的旅游胜地。

这儿是城堡和香槟酒的世界，有巴黎歌剧院和赌城蒙特卡洛，有威尼斯运河悠然摇曳的凤尾轻舟，还有吉卜赛人演奏小提琴的优美琴声。

它的艺术为世人赞叹，它的美酒为世人享饮，它的时装被世人模仿，它的主要语言流行于世界各个角落。

浪漫主义者视巴黎为中心，官僚们奉布鲁塞尔为圣地，时尚领潮人以米兰为舞台，古典主义者去罗马觅根，银行家对法兰克福顶礼膜拜，天主教徒将梵蒂冈尊为心灵的故乡……

这儿是民主政治的发祥地，是基督教文明的摇篮，它孕育了世界上最博大精深的文化。

欧洲没有"大国"。狭小单元的地理布局既有利于各种语言和文化的成长和发展，也是造成分裂的重要根源。但是在欧洲范围内能够交流往来，又说明各种语言和文化能够在同一种文明内共处。

欧洲与其他大陆相比，地域空间的差别较大，景色千变万化，没有美洲大平原或是非洲、亚洲、澳洲沙漠那样单调一律。

地理的差别有利于培育体格、心理不同的民族，产生多样的民族和文化。欧洲每个国家、每个地区、每个城市都有不少警句可以概括各自的特色，而这些民俗谚语式的概括，则更进一步加深了其他人对那些地方民族特色的印象。

欧洲大部分地区都四通八达，相对来说距离较近。所有这些因素都导致各民族和各种思想经常不断地融合，把欧洲变成一个永久性的种族和文化的大熔炉。

欧洲还是移民的乐土和迁徙的福地，历史上，外来的入侵者和当地民族的大流动屡见不鲜，这也是欧洲殖民文化的历史渊源之一。

欧洲精神是世界的文化遗产——

古希腊先民创造的雅典城邦制共和国的民主形式，经过两千多年的演化和锤炼，逐渐由欧洲人在以自由选举为保证的代议制中，找到了最充分的表达方式。

罗马人将法律变成欧洲精神的根本价值，不论是以公共事务还是以私人事务为目的，书面契约概念代替了习惯法，随心所欲受到约束；约翰·洛克和孟德斯鸠又以立法、行政、司法三权分立的现代内容，奠定了现代主权国家的宪政精神。

基督教高举平等的理想大旗，反对把个人的成功与出身、财产、等级联系在一起，提倡问心无愧地追求幸福——"欧洲人"就是按照这种理想造就的。

文艺复兴时期，知识分子进一步把民主理想、公正理想、自由理想和平等理想综合概括为人道主义；启蒙时期的思想家则将古典传统和现代精神、个人自由和社会公德融会贯通，并把这些基本价值理论化，最终确定了西方文明价值观的基础。

宗教改革与资产阶级革命，则是一对儿奠定欧洲近代资产阶级法治国家的孪生儿。马丁·路德宗教改革的出发点，在于反对教会拥有统治人民的权力，其结果，与14世纪反对教皇与皇帝专制的"教会全体会议权力至上主义者"和研究罗马法的"立宪主义者"一样，都殊途同归地提出了人生而自由并处于平等和独立地位的"天赋权利"的自然法概念。这些思想在宗教改革之后，成为欧洲各国改革者进行反抗世俗国家的政治理论依据，并与16世纪后半期兴起的反抗专制君主的斗争结合起来，最终导致了席卷欧洲的资产阶级革命的爆发。

社会民主主义，则是近代欧洲最重要的思想遗产——

一个半世纪以来，社会民主主义思想指导下的欧洲左翼运动长盛不衰，它倡导的国家与社会制度的原则，在欧洲国家得到普遍认同：所有社会成员在一切生活领域的平等自由，均能通过团结与互助、通过社会组织得以实现。简而言之，就是自由、公正、互助的原则。

在国际政策层面，社会民主党主张国际关系民主化，倡导国际合作，建构更加合理的国际安全合作体系和国际经济秩序，北方对南方的饥饿与贫困应分担责任，反对对地球资源的掠夺和对环境的破坏……拥有千年历史的欧洲，经历过太多的列强角逐，经历过太多的血流成河，欧洲人民最想表达的意愿就是"永不再战"！

美国的欧洲思想史学者马克·利雷在《不计后果的思想》一书中写道："当欧洲大陆的人们思考文化差异的时候，他们想的是自身历史上许多令人困扰的深层问题：殖民主义、民族主义、法西斯主义和大屠杀。"20世纪50年代开启的欧洲一体化事业，本质上追求的就是国家间的和平、发展与繁荣。

如今，欧盟一体化建设深入人心，一个自有国家以来从未出现过的政治形态已然诞生。这，就是对自己的历史和思想遗产有着理性思考的欧洲，一个具有远见卓识的欧洲！

欧洲精神抑或西方文明的长盛不衰，得益于其自身所具备的深刻的反省力量。

深刻反省，在某些历史时期表现为对现存一切的怀疑和审视，如启蒙时代的思想家——他们的怀疑审视不仅针对着现世的国家制度、法律、风俗、传统，还质疑了宗教，袭击了天国。

诚然，这种怀疑的发展最终在 19 世纪晚期导向了迈克尔·博兰尼所揭露的那种与一无所信的虚无主义相联系的怀疑主义，然而就启蒙思想家的怀疑而论，他们在怀疑中有着确立"可靠信仰"的努力。而且就他们的时代来说，他们的怀疑审视，包括对教义的质疑和对教会的批判，有着极其合理的历史缘由，事实上也推动了社会的真正进步。

对于一个具有自由主义传统的文明来说，在自我反省的两种表现间寻求平衡，保持必要的张力，可以使社会具有一种开放的、反思的、自我改进自我治愈的机制；对个人来说则可以在保持内心标准的同时，又保持心灵的开放。

至于那些不具备自由传统的文明和社会，虽然通向自由的道路上有着不同的志向和任务，但仍然可以从西方文明中自由的历险、自由与信仰和道德的关系，尤其是其间深刻的自我反省精神，获得重要启示，避免走向"通往奴役之路"。

欧洲人总是倾其所能使他们的生活方式高度文明化。他们崇尚自由活跃的思维方式，钟情于艺术与哲学。理性主义和人文主义，共和主义和保守主义，阳春白雪和下里巴人，共同构筑成欧洲的传统精髓。

欧洲文化的真正精神，还在于它能够安然无恙地度过种种风暴，而且能够保持平衡。

如今，古老的欧洲文明正以蓬勃的朝气和浪漫的情趣吸引着世人无限艳羡的目光，路易吉·巴尔齐尼在《难以对付的欧洲人》中概括为快活的巴黎人、优雅的伦敦人、沉着的柏林人、灵活的罗马人、谨慎的荷兰人的故事，令世界各地的人们大开眼界，津津乐道——唯其如此，欧洲才显得丰富多彩，生机勃勃。

多少个世纪以来，欧洲始终是世界文明的灯塔，弘扬民族文化，是欧洲各国共同的目标。历史和文化的多样性是欧洲的宝贵财富，正是那些让这块古老大陆上的各民族引以为豪的历史文化精粹，才使得今天的世界多姿多彩。

而最具代表性的事例，也许要算是欧元的设计。

历经几十年的不懈努力，欧盟初步实现了单一货币。而在"大同世界"到来之际，欧盟在小小的硬币上却为各国保留了一方"民族天地"：欧元硬币其中一面图案是相同的，称为"欧洲面"；另一面图案由 12 个欧元国家自行设计，称为"国家面"。此举可谓独具特色，意味深长。用欧盟一位高级官员的话说："欧洲人需要团结的欧洲，而不是色调单一的欧洲。"

欧洲国家在走向联合的过程中，文化思维也在发生着变化。政治家的想法一般是超前的，欧盟领导人思考的是如何继续驾驭欧盟这驾马车，让它在一体化的道路上顺利奔驰。而普通民众关心的则是自己的国家，他们也在担心，当有一天别人问他们是哪国人时，他们思考之后是否只能回答"欧洲"？

美国学者戴维·基尔贝认为，欧洲人与美国人世界观的根本性差异，在于欧洲人重视思辨，而美国人更重视生活本身。"我思故我在"，一个笛卡尔主义者在他自己的空间里自得其乐，实际上是以思为乐；而一个杰斐逊主义者只有在世间才感到快乐，体验的是追求成功与满足的过程。

长期以来，欧洲各国在致力于一体化发展大业的同时，也在勇敢捍卫和细心呵护着各自的文化特征。正如法国的一位领导人所说的，"如果全世界都吃汉堡包，那将是多么大的悲哀"。为此，欧洲人非常重视他们的文化遗产，并将这种对文化的重视看成是一项社会责任。

法国每年举办"文化遗产日"，把总统府、国民议会等法兰西的象征建筑和景点向民众免费开放。此外，法国政府每年都斥资扶持新闻、文学、艺术、音乐、电视、电影等行业，法国在艺术方面的公共支出是美国的 20 倍，面对好莱坞"大片"的侵袭，法国电影制片商每年可获得 20 亿法郎的政府补贴。

德国的有识之士则建议国家制定一部法律来保护德语，以迎击外来语特别是英语的进攻，并拨款修缮各类艺术演出场所，可以说，任何国家的剧院舞台都无法与由国家资助修建的德国剧院相媲美。在德国，国家出钱举办各具特色的艺术展览，即使赔钱也照办不误。

意大利每年在罗密欧与朱丽叶的故乡维罗纳举办大型歌剧节，演出《阿依达》等具有意大利风情的经典剧作。

在欧洲的城市中，很少见到像北京那么多的麦当劳和肯德基快餐店，欧洲人把麦当劳的每一个"巨无霸"汉堡包都看成是粗俗可怕的美国商业文化的侵蚀。"这些评论人认为，在摩天大楼闪闪发亮的影像里，在昂贵而光鲜的服饰与汽车里，在舒适豪华的摆设里，在权势与财富的杯觥交错里，就已经藏有了文化帝国主义的影迹。"（汤林森《文化帝国主义》）

而大多数的中国人，却似乎欢迎这样的"入侵"——事实上，我们中的许多人已经使它成了自己生活的一部分。

改革开放以来，国内城市居民生活质量大幅度改善的标志，似乎就是国内商店"克隆"外国商店，中国人"克隆"美国人的生活方式，以至于有美国记者到中国采访时不得不发出这样的疑问："别克、星巴克、肯德基，这还是中国吗?"

我们总想把自己变成别人，却往往丢了自己。而又恰恰是我们自己，在"与国际全面接轨"中，对这种民族文化特性的消弭却毫无知觉或者视而不见，全球化成了唯一的目标。

欧洲，是文明的发祥地。今天，欧盟的发展壮大使得"欧洲"的概念更加清晰而完整。

中国，始终是中华文明的中心。我们从来没有想过要统治整个世界，但也没有理由在这个世界上失去自己的位置。

3
橘黄色的布鲁塞尔

> 难道我在布鲁塞尔时不是好人吗?
> 我没给你买比利时巧克力吗?
>
> ——[美国]内·德米勒:《将军的女儿》

飞机从法兰克福起飞的时候，天已经黑了下来。由于飞行高度一直在8000米左右，再加上能见度很好，所以舷窗外的景致能够一览无余。

不到 15 分钟，下面已是一片灯火通明——布鲁塞尔到了。

这里的灯光如此抢眼，一是因为它密集，犹如一条条纵横交错的灯光隧道，勾勒出四通八达的公路网；二是因为它那独特的颜色——柔柔的橘黄色。

从机场到酒店的路上，光线柔和，车辆稀少，全然没有北京夜晚灯火通明、车水马龙的繁华景象。大概因为是周末，人们或是在家庭聚会，或是出城度假去了。

Royal 酒店，是一幢古老的巴洛克式建筑，接待大堂古色古香，幽深的走廊里铺着华丽的地毯。房间里的装饰明快而亮丽，虽然从装潢上一点也看不出五星级的豪华，但所有的设施都布置得恰到好处，令人感到非常舒适。

冲了个痛快的热水澡，疲惫和倦意渐渐战胜了新奇与兴奋，看着电视里的 EURONEWS（欧洲新闻），没有来自国内的消息，迷离中很快就进入了异国的梦乡。

不知过了多久，蒙胧中睁开了双眼。窗外仍是黑漆漆的，静谧中传来"刷刷"的声音，很细小，很轻微，但听起来却很真切，是雨。

◉ 昔日重现方格路

看表，5：00整——时差倒过来了。

Royal酒店坐落在布鲁塞尔市中心，紧挨着皇家大道。

所谓皇家大道，并没有想象中的那么威严、壮观。青褐色的方砖石块深久地嵌在路面，在雨水经年累月的滋润下光亮照人。街道两旁是风格多样、形态各异的古老建筑，整洁、漂亮的有轨电车不时寂静无声地缓缓驶过，整个大道充满了安泰祥和的气氛。

这让我想起了小时候学校门前那一条长长的方格石板路和叮当作响的有轨电车——没想到，刚刚走进欧洲，就突然又走在了只在记忆中出现过的方格路——脚掌舒服地隔着鞋子踏在路面上，凹凸有致，像是在跳舞。

在随后将近一周的时间里，当我一而再再而三地重复这条长长的方格路，一遍又一遍地享受这久违了的行走的快乐的时候，当最初的惊喜与亲切开始悄悄地淡出的时候，却怎么也淡不出由脚掌、眼睛直传心头的这种惬意，不由得又萌发出了小时候就一直未能得到满足的好奇念头：难道它们真的是一块一块地铺起来的吗？

皇家大道的一端，坐落着雄伟的教堂，另一端是威严的国家法院。精神信仰与公共秩序，这一对儿构筑近代以来资本主义社会稳定基石的绝对象征，镇守于此，使自由与秩序这一命题得到了最好的体现和诠释。

吃过丰盛的早餐，精神抖擞地开始前往布鲁塞尔的主要旅游景点——原子球广场、五十年宫、皇宫和市政广场。

原子球被誉为"布鲁塞尔的埃菲尔铁塔"，是布鲁塞尔的著名景观之一。它位于布鲁塞尔西北易明多市立公园内，是为1958年布鲁塞尔国际原子能展览会建造的标志性建筑，由著名工程师昂德雷·瓦特凯恩设计。

所谓原子球，是高架在空中、闪闪发光的巨大金属圆球，造型是根据铁分子结晶体图像放大2000亿倍设计的，整体由9个直径18米的铝质大圆球组成，每个圆球代表一个原子，各球之间由长26米的空心钢管连接，9个圆球加上钢架结构总重量为2200吨。最高一个圆球距地面102米，人站在下面，犹如头顶地球一般，显得非常渺小。设计者希望通过这一巨大建筑表达原子结构的概念，显示人类和平利用原子能的前景。

下车的时候，蒙蒙细雨飘然而至，地面上雾气重重，轻烟缭绕。从远处望去，蒙胧中原子球就好似漂浮在海上的不明飞行物，亦真亦幻。

五十年宫是1880年纪念比利时独立50周年时修建的，宫殿由巨大的两翼组成，中间的凯旋门及塑像于1905年比利时独立75周年时竣工。

五十年宫的一翼是皇家美术与历史博物馆，收藏巨丰，是欧洲最大的博物馆之一；另一翼是军事博物馆，收藏有数量众多、饶有兴味的藏品，如中世纪迄今的各种兵器、1912年以来的各种型号的军用飞机、各个时代的军服、徽章和旗帜等，让人眼花缭乱。

虽然是周末，但参观的人并不多，偶尔能遇到一家三口，要不就只是父亲带着孩子，或是仔细观看，或是随意浏览，天真、可爱的小孩子都非常安静、乖巧地牵着大人的手，享受着知识的启蒙和历史的洗礼。

布鲁塞尔是欧洲的政治中心和国际大都市，欧盟委员会总部、北约总部、1100个国际组织、165个外交使团都驻扎在这里，常年在这里工作的欧盟工作人员即达五万人之多。所以这里的居民没有法国和德国人那样强烈的民族意识和国家观念，而是更像一支"多国部队"。

看来，国际间的交流与融合，对于一个城市的居民乃至一个民族的成长与成熟都是十分必要的。广而言之，国与国之间的交往与合作也需要这种成熟的民族心态来成就未来。

比利时皇宫是布鲁塞尔最宏伟的建筑。建筑式样是典型的路易十六风格，华丽而庄重。这里曾经是一座修道院，1784年卖给奥地利政府，作为奥匈帝国军团总司令的寓所，后曾作为荷兰国王贵劳姆的住处，现在是比利时国王的法定寓所。

皇宫和国会大厦之间是皇家花园,建于 1775 年,曾是布哈邦公爵的狩猎保留地。公园内绿草如茵,到处点缀着 18 世纪的精美雕塑,橘黄色的落叶覆盖在刚被蒙蒙细雨清洗过的方砖路上,犹如一幅凝固了的风景油画。

市政广场是古代布鲁塞尔的市中心。广场呈长方形,东西长 200 米,南北宽 100 米,道路呈放射状通向四面八方。广场建于 12 世纪,现已成为世界上独一无二的具有中世纪风貌的城市中心广场。

广场地面全部用花岗岩石块铺成,四周都是中世纪哥特式、文艺复兴时期的古老建筑,举目四望,仿佛置身于中世纪,连路灯都保持着中世纪的式样。

1449 年落成的市政厅是广场上最引人注目的建筑,它雄伟壮观,空灵高耸,是比利时最漂亮的哥特式建筑物之一。市政厅的底层由一条有 17 个拱孔的柱廊环绕,中间有一带拱形的大门道,门楣上由尖圆穹隆陪衬,墙垛上塑有象征正义、贤明、和平、法律、节制和力量的五米高的塑像。之上的两层楼墙面都带有雕饰,两层楼之间也饰满了塑像和雕刻,楼顶则建有一座高 90 米优美精巧的钟塔。

市政厅右边矗立着一座五层建筑,正门上方塑有一只展翅的白天鹅,这就是建于 1698 年、久负盛名的"天鹅之家"旅馆,现在是一家咖啡馆。1845 年 2 月马克思被法国驱逐后,于 3 月 2 日偕夫人和女儿来到布鲁塞尔,就居住在这家旅馆,一住就是三年多。后来恩格斯也来到这里,马克思和恩格斯共同在布鲁塞尔开展革命活动,一边筹划共产主义运动小组,一边构思国际工人运动的纲领性文献《共产党宣言》和更加宏大的理论体系,马克思的《哲学的贫困》、《德意志意识形态》等伟大著作就是在这里完成的。如今,"天鹅之家"已经成为身份的象征,必须具有相当社会地位的人士才能自由出入。

每年 8 月份,布鲁塞尔市政府都要在市政广场举行为期四天的"大广场鲜花地毯节",届时,由 100 万朵盛开的秋海棠组成的"鲜花地毯"铺满广场,成为世界上最大的人造"鲜花地毯","地毯"中间还设有三个圆形喷泉,经过阳光的折射,泉水变换着五光十色,绚烂迷人。

从市政广场旁边的一条小巷走出不到 200 米,就到了"布鲁塞尔第一公民"小于连的铜像所在地。

布鲁塞尔市名胜数不胜数,却以小于连雕像为其第一名胜,并作为布鲁塞尔的象征。关于小于连的故事很多，人们甚至出于喜爱，想象创造出更多的传说，而大多数人还是把他当作一个民族英雄来敬仰。

传说，在13世纪的一场战争中，敌军企图炸毁市政厅，就在埋下炸弹欲引爆之际，被撒尿的小于连撞个正着，他的一泡尿淋灭了导火线，奇迹般地挽救了这座城市。为纪念这位机智勇敢的小男孩，1619年比利时雕塑大师捷罗姆·杜克斯诺精心创作了这尊高半米的铜像。现在，他成了比利时人勇敢和智慧的象征。从世界各地慕名赶来的游客，无不到此争相一睹其尊容，与其合影留念，否则终生引以为憾。

1696年，巴伐利亚总督路过这里，看到小于连赤身露体站在寒风中，于是赐给他一套金丝礼服穿上。后来各国贵宾来参观时也都赠给他各式各样的童装，赠衣者包括外籍军团指挥官、苏格兰高地舞蹈家、印第安人、得克萨斯牛仔、日本武士、印度土邦主、纽芬兰渔民等。至今，小于连已经收到世界各种服装近千套，以至于要专设一个博物馆来收藏，这个"小男孩"可能是世界上穿着最讲究的雕像了。1979年7月布鲁塞尔纪念建城1000周年时，作为友好城市的北京市赠送给小于连一套汉族对襟小衫，于是，从1979年起，每年10月1日，小于连就穿着这套服装欢庆中国的国庆节。

由市政广场辐射出去的凯撒街区，是布鲁塞尔著名的商业街区，特别以周围层次不同的、各国的风味饭店而闻名。

布鲁塞尔是典型的国际化城市，生活在这里的各国人都把自己国家的饮食习惯带到这里，因而几乎世界各个角落的菜肴都有可能在这里的餐桌出现。所以，游客完全可以根据自己的口味，选择不同国家风味的餐馆就餐。

布鲁塞尔的美食名副其实，而游客下榻的酒店的免费早餐同样令人期待——全套的正宗比式早餐，腌肉、烤肠、面包、奶酪、酸奶、蜂蜜、水果……应有尽有，只要早上吃得饱饱的，一天下来都不饿得慌。

市政广场后面的"屠户街"，号称"布鲁塞尔的胃"。这里各色餐馆林立，餐厅橱窗和路边餐桌上陈列的食物琳琅满目，令人垂涎欲滴。看似外星生物的奇怪海鲜，还有五颜六色、叫不出名字的鱼虾，摆满了货架。硕大的章鱼，简单地用水一煮，味道却是意想不到的好，尝一下，胃口顿时大开。

循着满街飘着的诱人的海鲜味道，感觉像是意外走进了别人家的厨房。

在灯火通明、装饰典雅的海鲜美食店里，用299比利时法郎（约折合人民币150元）就能享受一顿由北海名贵海鲜组成的四人套餐。物美价廉，是因为比利时靠着北海，这里是出名的吃海鲜的地方。

比利时还有一样名扬世界的好东西，那就是最受各国游客欢迎的巧克力。

比利时巧克力的美名在世界上堪与瑞士巧克力称王称后，但又独具特色——比利时人擅长将巧克力制成各种各样优美的造型，如贝壳、松鼠等动物的图案，其做工之精细就像工艺品一样，并且用绢花、彩带把它包扎、打扮得五彩缤纷，然后摆满巧克力专卖店的货架，吸引过往行人的眼球。尤其是那些品牌悠久、享有盛誉的巧克力的专卖店，更以其手工制作的上等巧克力满足着新老顾客的口腹之欲。

在布鲁塞尔的日子里，每天闲暇时我都忍不住到附近著名的"LEONIDAS"巧克力专卖店，挑几样新鲜的巧克力以饱口福。

傍晚时分，在黄色的装饰灯箱下，看着漂亮的少女微笑着为你挑选形状各异、令人眼花缭乱的各色巧克力，精心地摆放进漂亮的包装盒，再用精美的彩带灵巧地包扎好，双手递给你，那种期待与收获的体验，简直就是一种受宠若惊般的享受。

我确信这种极其味美的巧克力一定是为了纪念那位著名的斯巴达国王LEONIDAS，他在率领部下向波斯军队发起同归于尽的进攻之前，让300名全副武装的斯巴达勇士美餐了一顿，并对他们说："今晚我们去普路托那里晚餐。"随后，他在一阵箭雨中倒下。

在这里，在布鲁塞尔的任何一个地方买东西，都不会遇到"服务态度"问题。人们谦和、友善，彼此之间没有明显的主、客界限，虽然没有"顾客就是上帝"这样惊世骇俗的口号，却分明普照着"万众皆仁"的光辉。上帝是神，顾客是人，人不能亵渎神灵，仅此而已。

在我看来，这是布鲁塞尔所具有的真正的美好之处，是隐藏在城市、街道、建筑和美食身后所焕发出来的独具魅力的内在美，一种自然美中所蕴涵着的深厚的人道主义的美。这让我想起了罗马尼亚著名文艺评论家阿莱克斯·斯特凡内斯库在其随笔集《事情》中自述的一段亲身经历，它似乎更能佐证我对布鲁塞尔的这个印象：

　　　　在布鲁塞尔的一个小广场上，设有一个木箱，专门收集慈善的人们捐赠给第三世界贫困人口的衣服。箱子的侧面有一个开口，里面装有挡板，用来保护赠物。因此，这个大木箱看上去就像是一个巨大的邮箱。

　　　　说它像邮箱还因为捐赠人投放衣服的方式。他们把洗得干干净净、熨得平平整整、叠得整整齐齐的衣服小心地放入箱内，好像在给远方的朋友投寄重要信件。

1995 年，我在布鲁塞尔待了几天。有一天，一位罗马尼亚籍的吉卜赛妇女想从这个代表国际同情心的箱子里窃取衣服。她先把自己的孩子头朝下从开口处送进去，然后用手抓住他的一只脚，让孩子在箱子里搜寻，尽量抓取更多的衣服。但突然，孩子从她的手中滑落，被困在了箱子里。

面对这起不寻常的 "劳动事故"，比利时人做何反应呢？一场真正的紧急动员开始了。在短短几分钟内，一辆警车、一辆消防车和一辆救护车陆续赶到了出事现场。所有人员行动迅速且有条不紊，而那个吉卜赛妇女则声嘶力竭地在旁叫喊着。警察疏散了好奇的人群，消防人员撬开箱子，救出了孩子，一名医生和一名护士马上接过孩子，对其身体状况进行检查。

与此同时，一位戴眼镜的先生在与吉卜赛妇女谈话。我毫不怀疑，他是个心理医生，正在设法帮助孩子的母亲找回脆弱的心理平衡。

在布鲁塞尔待久了，就一定要去安特卫普看一看。

安特卫普，位于布鲁塞尔西北 50 公里，是比利时第二大城市、最大的港口，被誉为 "世界钻石中心" 和 "世界钻石之都"。

安特卫普具有辉煌的发展历史。早在公元 2—3 世纪，这里就有居民定居。8 世纪初，在斯凯尔特河右岸建立起了商业城镇。1291 年，安特卫普市加入 "汉萨同盟"，使当地的谷物和毛纺织品贸易日益繁盛。后来，随着钻石琢磨法的发明，15 世纪在安特卫普建立了小规模的钻石加工厂，17 世纪初这里就成为了世界钻石加工中心。

如今，安特卫普是世界钻石加工和贸易的中心，全世界每两颗钻石就有一颗是在这里加工的。

安特卫普的 "黄金时代" 被公认为是欧洲文艺复兴史上最著名的篇章之一。正如英国外交家桑普森指出的那样，对当时的人们来说，安特卫普是 "世界的一朵鲜花"。这些人，包括亲王、外交官、艺术家、诗人、旅游者和商人，历史记录上留下了他们对这座商业都城之王的惊讶赞美之词。到 16 世纪中叶，赞美之声的音量加大，调子升高，佛罗伦萨的历史学家圭恰迪尼在1565 年的描述则使这一赞美的高潮达到登峰造极的地步："从来没有一个市场曾将世界上所有重要的商业国的贸易集中到这种程度。" 直到 17 世纪，西班牙人开始统治安特卫普，游商富贾们为躲避宗教迫害而纷纷逃往荷兰，安特卫普才逐渐失去了贸易中心的地位。

旅游车直接将我们送到了安特卫普的霍文尼斯街才停下——这里的钻石加工技术被公认为是世界一流的，全世界不到 20 家钻石交易所，其中有 4 家就在这条街上。每天都有世界各地的客商来此进行钻石买卖，从几千美元的钻石戒指、胸针到 10 万美元的钻石珍品。所以，霍文尼斯街被称作世界上最富有的大街。

我没有随着前往钻石加工中心，我想趁这宝贵的时间，浏览一下安特卫普老城区的容貌，追寻当年安特卫普的显贵荣华。

从霍文尼斯大街一直向北，穿过一条有轨电车车道，就到了安特卫普市中心的大广场，再往前，就是位于老城区斯德尔中心的步行街。

从路口望去，整个街道宽大、气派，两旁的建筑风格各异，但已全然没有了中世纪的模样，杂陈其间的，多是大型的购物中心，霓虹招牌林立，人群熙熙攘攘，让人感觉仿佛走进了北京的王府井。只有大广场中央竖立着的一尊魁梧勇士的雕像，还能使人依稀辨别出这里曾经的历史痕迹。

相传，古罗马侵略者为了掠夺此地的珠宝和钻石，派凶狠残暴的巨人安蒂贡守候在斯凯尔特河河岸，向来往的商船索要过路税，遇有不交者就砍断右手，掷于河中。当时有个叫布拉博的勇士，经过同巨人的殊死搏斗，最后打败了恶魔，也同样将凶残巨人的右手砍下，抛入斯凯尔特河中。此后，这里航运通畅，百业兴旺。为纪念这位勇士，人们便把这座城市命名为安特卫普，并在市政厅前的广场上竖立一座青铜男子雕像，他的脚下匍匐着一个失去右手的巨人，勇士手执巨人的断手正欲抛入河中。

如今，这一雕像似乎成了安特卫普历史的唯一象征，所以游人都要在此摄影留念。

"钻石恒久远，一颗永流传。"可是久远的安特卫普又在哪里呢？

从安特卫普返回布鲁塞尔的路上，比利时深秋的田野风光再次打动了我。高速公路两边，到处是色彩斑斓的高大树木，矮一点的灌木丛，则以红色和紫色为主，还有叶子已经落得差不多的梧桐和地上散乱的落叶。

仍然是细雨霏霏，润泽的空气沁人心脾。

我开始怀疑自己对这种"阴霾"的天气有一种莫名的喜好，就好像只有阴天，才是真正的欧洲，带点伤感，带点没落，带点忧郁，带点高傲。

汽车驶进布鲁塞尔，看到已经熟悉的这座城市的街道和建筑，仍然有一种莫名的激动。在这样的天气里，布鲁塞尔显得更加落寞，我也恢复了内心的平静。

时值深秋，城市、乡村，山林、湖泊，布鲁塞尔到处充满着对比的景致。然而，最让我难以忘怀的，还是那一天一地的金黄色落叶和每到夜晚绽放着绚丽色彩的橘黄色灯光。

这一切，宛如一个金澄澄的梦，把我团团围住了。

4
滑铁卢的迷雾

> 在法兰西的眼中，
> 波拿巴根本没有死。
>
> ——［法国］夏多布里昂：《墓中回忆录》

　　滑铁卢位于布鲁塞尔以南20公里，以曾在此发生的滑铁卢战役而闻名于世。

　　一路上天灰蒙蒙的，淡淡的雨，浓浓的雾，将四周笼罩在一种若隐若现的幻境之中。

　　穿过遮天蔽日的索瓦尼森林，沿途经过悠闲的小河、起伏的丘陵，小巧的桥梁横跨于小河之上，房舍的屋顶像一座座山脊，保持着中世纪的古风。

　　乡镇周围都有教堂，对于生活在这些村庄中的人们来说，嘹亮的教堂钟声一定十分熟悉和亲切。

　　汽车行驶不到20分钟，就抵达了滑铁卢小镇。出小镇再南行不远，就到了欧洲近代历史的分水岭——滑铁卢战役遗址——蒙·圣上高地。

　　1815年6月15日，拿破仑在回归法国途中，与威灵顿统率的英、荷、比联军在此遭遇。当时，拿破仑率兵74000人，联军67000人，经过你死我活的激烈战斗，到6月18日，战场上留下了双方阵亡将士六万余人的尸首，伤者不计其数，"尸积如山，血流成河"。拿破仑，一代枭雄，在滑铁卢全军覆没，并永远被放逐到南大西洋的圣赫勒拿岛，直至死去。

　　1826年，列日的妇女们用背篓背来大量的土壤在这里堆起了一座土丘，用来纪念那场战役的战败者而不是战胜者，因此这里就成为世界上唯一一处战败者的纪念地。

土丘为锥形，高 40 米，游人可以通过一条有着 228 级台阶的窄窄梯道登上丘顶。

雾气重重，我一步步登上了两百多级高的台阶。丘顶耸立着一尊高 4.45 米、重 28 吨的铁铸雄狮，称为"滑铁卢雄狮"，它左脚踩着地球模型，昂首注视着远方，耀武扬威。在雄狮的台基上，雕刻着"1815 年 6 月 18 日"的字样，那是"伟大皇帝"灭亡的日期。

从狮子山远眺，当年千军万马的古战场尽收眼底。1822 年，黑格尔来到这里，他写道："我在这里看到了这些永远值得纪念的旷野、山丘和地点，特别引我注目的是那一片莽莽的高地。站到上面环顾一番，可以眺望到几英里路远，这儿就是拿破仑这位沙场宿将登基的地方，他也是在这儿丧失他的王位的。这儿每一个土堆下面都埋葬着不屈不挠的勇士。"

如今，物是人非，只有野草迎风而歌。

百年之后，历史的迷雾依然没有散去。

当地商店出售的旅游纪念品、T 恤衫、玻璃酒杯及烟灰缸等物品上面，都有拿破仑的画像。在一个橱窗里的射灯底下，我居然看到了铺排着千军万马

● 昔日的古战场——难道是那场惨烈的战斗，如今使这里比别的地方更加平静

的模拟的滑铁卢战场：数百个半指高的小人，仪仗而立，良臣武士，将相王侯，均清晰可辨；居中戴着蘑菇帽的那位，就是大名鼎鼎的科西嘉人拿破仑——这是我见到的最小的拿破仑了，虽然小，但精致无比，气宇轩昂。

土丘脚下的电影院里，常年放映着同一部电影——《滑铁卢之战》。影院旁边有一座拿破仑全身塑像，他侧身而立，头戴三角帽，全身戎装，双臂在胸前抱拢，面带自信神情，目光注视着远方。塑像前，不时有人送上一束鲜花，寄托追思。

有人说，滑铁卢是战败者的丰碑，在这里，人们谈论的是当年一败涂地的拿破仑，而当时高奏凯歌的威灵顿将军却被人们淡忘了。

事实上，拿破仑在当地人心中是不朽的英雄。

拿破仑·波拿巴，1769 年 8 月 15 日出生在地中海原属意大利的科西嘉岛（在他出生前三个月被卖给了法国）。他年幼家贫，身材短小，貌不惊人，且体弱多病，但是聪明颖慧，意志坚强。在扑朔迷离的法国大革命中，拿破仑坚定地为新兴资产阶级搏杀征战，被誉为"永远打不倒的小个子"。最终，他凭借自己的才能和机遇平步青云，直至成为法兰西帝国皇帝（1804—1815年），并多次率军驰骋欧洲，镇压封建势力，打垮了由各个封建君主国组成的"反法同盟"，保卫了法国大革命所取得的胜利果实。

牛津大学历史学家费利克斯·马卡姆说："如果你想要为他奇特出众的一生寻找解释，如果你真希望了解一个人仅仅靠他意志的力量何以能够如此长久地统治如此众多的人，你所拥有的一切历史知识都将是苍白无力的，你的一切努力都将是徒劳的。"或许，正如拿破仑自己所说的："在我的一生中，我已经把我的一切——安宁、兴趣和幸福，都奉献给了我的命运。"就像一度引起了他的共鸣的莫扎特的乐曲《唐乔万尼》一样，他的性格和经历，已经把雅典的成分和由浪漫的、疯狂的和无限野心所构成的粗犷曲调，融为了一体。

曾见过拿破仑的法国著名作家夏多布里昂在《墓中回忆录》中写道："拿破仑的命运像所有杰出的命运一样，是一种灵感。……他消失在酷热地区的辉煌的天际，他像一个隐士或贱民沉睡在荒僻小路尽头的一个小山谷里。折磨着他的沉寂是伟大的，包围着他的喧闹是广阔的，两者可并肩比美。"

难怪，就连贝多芬最初都想以《波拿巴》来命名刚刚谱就的《英雄交响曲》——看来，人类对英雄的渴望，是一个永不破灭的理想！

除了赫赫战功与政治成就外，拿破仑更大的贡献是推行经济改革、加强资产阶级法制建设。其中，至今让世人称道、令人荡气回肠的，是他亲自参与制定的《拿破仑法典》。

1789年法国大革命前，法国的民法是不统一的，南部地区实行的是成文法，北部地区奉行的是习惯法。大革命推翻了封建专制制度、建立了资产阶级共和国后，当时任第一执政官的拿破仑任命由第二执政官康巴塞雷斯及法学家组成新民法起草委员会，起草《民法典》。

拿破仑在这部资产阶级国家最早的一部民法典的制定与决议过程中，起到了决定性的作用。1804年3月21日，议会最后通过了《法国民法典》。1807年改称为《拿破仑法典》，1816年又改称为《民法典》，1852年再度被命名为《拿破仑法典》，以纪念拿破仑的巨大贡献。

作为资产阶级的第一部民法典，因该法典的系统性、完整性和规范性，对后来其他资本主义国家的立法产生了巨大影响。

两个多世纪以来，随着法国社会政治经济的发展变化，《拿破仑法典》虽经一百多次的修改，至今仍在法国施行。法典规定的诸如"法律面前公民一律平等，废除封建特权，摆脱教会控制，以及人身自由、契约自由和私有财产神圣不可侵犯"等基本准则，充分反映了资产阶级革命的成果，确立了资本主义社会的立法规范，被恩格斯称为"典型的资产阶级社会的法典"。就连拿破仑自己在被流放到圣赫勒拿岛上时还不无炫耀地说："我的光荣不在于打胜了40个战役，滑铁卢之战抹去了关于这一切的记忆……但不会被任何东西摧毁的，会永远存在的，是我的民法典。"仅凭这一点，拿破仑亦将永垂不朽。

在滑铁卢，感觉历史比了解历史更为重要。

我们往往习惯于把战争划分为正义与非正义，其实，这仅仅是一条线的两端而已，正如威灵顿在目睹了战场上的惨状之后所说的，"胜利是除了失败之外的最大悲剧"。

胜利与失败没有什么本质差别。可问题是，人类的存在需要一个公理，可它的底线又在哪里呢？

在寻找邮筒寄明信片的时候，我发现一座不起眼的房子外面写着"Victor Hugo"（维克多·雨果）。哦，就在土丘脚下，法兰西民族伟大的儿子雨果，在此曾居住数年，凭吊古战场，在《悲惨世界》中写下了关于滑铁卢战役的辉煌篇章。

有意思的是，雨果曾因反对拿破仑而遭流放，可今天的比利时人却若无其事地将他们共同"推出",不知道是想看看这两位巨星之间的对视还会不会雷霆万钧,还是就想要这样一种别样的纪念与怀旧。

2002 年是 19 世纪浪漫主义文艺运动领袖雨果诞生 200 周年,法国因此把 2002 年定为"雨果年",并为此专门成立了"雨果全国纪念委员会",一年中不间断地在全国各地举行纪念活动。

据媒体报道,在 2002 年的 2 月 7 日,纪念活动拉开序幕。这天是法国学生圣诞节假期后开学的第一天,每一个中小学生在这一天的第一节课——不论上的什么课——自选一段雨果的诗歌或小说在课堂上朗读,朗读采取接力式,连续五天形成一条"阅读链",学生、教师以及附近的居民均可参加。之后,法国的读书节、诗歌节、戏剧节都以雨果为主题。

对比是令人深思的。

2001 年是诗仙李白诞生 1300 周年,是诗圣杜甫诞生 1290 周年,是现代文豪鲁迅诞生 120 周年,而中国最拿得出手的《红楼梦》,距今大概快 300 年了,其作者曹雪芹的生卒年月至今却依然没有定论。

我们有那么多的名人可以缅怀,有那么多的历史可以纪念,即便是拿破仑式的英雄,在我看来至少还有西楚霸王项羽呢!可在我们周围却很难见到一种自然的、发自内心的对英雄的欣赏和敬畏,"霸王别姬"、"霸王卸甲"咏叹的只是英雄悲壮的下场,却丝毫唤不起人们内心的崇敬。

历史发展到今天,工业文明已经把人彻底地"异化"和"变形"了,很多人似乎都成了卡夫卡眼里的小昆虫和马尔库塞意义上的"单向度的人"。在这个时代,人们似乎只需要快感,不需要浪漫。人类似乎只能沿着物理的方向前进,没有任何时代可以回归。而这个时候,唯一能找得到的浪漫,好像只有怀旧了。

法国人的浪漫,是聪明人的浪漫。而中国人的浪漫,好像只有情人节的巧克力、999 朵玫瑰,实在没有什么想象力。为什么?是因为中国没有拿破仑那样的政治家,还是没有雨果那样的文学家?

答案是不言而喻的,只是没有人去发问。

5
不设防的卢森堡

卢森堡，一个迷人的国度，它犹如万花筒，展示出多姿多彩的画面。

早就听说卢森堡很美，等到了这里，才真正被它的美丽所震撼，因为它的美无处不在。

卢森堡位于德、法、比三国之间的交通要道，是欧洲的"袖珍国家"，面积两千五百多平方公里，人口不足四十万。

有人这样形容卢森堡之小：在卢森堡市中心发动汽车，还未坐稳，汽车已经冲出了国界。

卢森堡实行君主立宪制，大公为国家元首，所以卢森堡全名为卢森堡大公国。

卢森堡市是卢森堡大公国的首都，目前是欧盟的第二政治中心，它的作用和重要性仅次于布鲁塞尔。欧盟最高法院、欧洲议会秘书处、审计院等国际行政机构常设于此，常驻国际官员五千余名。欧洲投资银行和欧洲煤铁企业总部也设在这里，给卢森堡市增添了现代化与国际化的色彩。

卢森堡市极富田园风光景色。整个城市沿着河谷两侧的丘陵建设，城内有深山奇谷，即使在市中心也是田园遍布，溪流蜿蜒，大小湖泊都是碧水清清，令人陶醉。

老城区更显环境幽雅，哥特式的建筑轮廓鲜明，其间点缀着文艺复兴式的礼拜堂的尖顶。窄小的卵石路旁的民居，家家户户都种植着鲜花和绿树，把城市打扮得像一座花团锦簇的公园。

卢森堡市是一个"国际化的大都市"（我们国内的许多城市也是以此为追求目标），但这里并没有中国人所仰慕的高楼大厦和宽阔笔直的马路，缺少所谓大城市的气派，所以也就少了国内许多城市引以自豪的那种喧嚣与繁华。

市区道路狭窄，楼房多是三四层高，路边停靠着小巧的车辆，民居都被大片的树木、草地和鲜花包围、覆盖着。如果是独幢楼房，肯定会有花园、果树和草坪；如果是公寓楼房，家家户户的窗台上也都是花红叶绿。

因为没有高楼大厦，所以在城区的任何一个角度都可以看到并不高的尖顶教堂，整座城市就这样舒缓地平摊在教堂四周。

◉老城的建筑格调和谐统一，但绝不单调、呆板

习惯于仰视国内城市的高楼大厦，在这里穿梭游走，却必须降低视线，因为没有刺破天空的摩天大楼，不必遥望天空，只需平视或稍微登高，整个城市就尽收眼底。

走累了，随意地坐在路边或公园旁的椅子上，就能静静地享受到城市的清宁和舒适，偶尔见到金发女孩，坐在草地上聚精会神地看书，便会被她吸引，情不自禁地举起照相机……

欧洲对历史和古旧建筑格外珍惜，小心保护，对暴发户似的美国那种摩天大楼普遍不感兴趣。欧洲人没有炫耀财富的爱好，在他们看来，楼房的高矮与城市的贫富无关。他们所看"高"的，更多的是文化的氛围和自然的气息。

要体会卢森堡的真谛，只需浏览狭窄的马路、大片的草坪、小巧的店面和种满鲜花的阳台。

卢森堡被称为"欧洲绿色心脏"，这里看不到裸露的泥土，但其花草并不全是人工栽培，能利用野草的地方尽量利用野草，天然草坪与人工草坪协调一致，路边、楼旁和一些角落里，则任由花花绿绿的野草和野花自由生长。不修剪的野草，就成了牧草。

在市中心的阿尔泽特河峡谷，就养着大片牧草。当牧草长到两尺多高的时候，市郊的牧民们就赶着牛羊到这里来放牧，经牛羊处理过的草地就跟除草机除过一样平整。而在城里放牧，孩子们不用到乡间就可以与马、牛、羊等动物亲密接触，都市里的人们也能感受到许多野趣，享受田园牧歌般的生活。

许多中国游客总觉得卢森堡人的这种所作所为有点土气，因为中国各大城市都在铲除野草，再铺上从国外进口的昂贵草坪。

卢森堡市老城区的建筑坚固、耐用，朴实无华。一路上穿街过巷，在雨中的石子路上行走，顾不上脚下的湿滑，尽情地饱览街巷两侧造型各异、色调柔和、蕴涵神秘色彩的古堡和教堂。

忘情于如此人间美景，不知不觉走进了一个郁郁葱葱的院落。

院内小路两旁的花坛里泥土芬芳，花枝摇曳，仿佛在笑迎不速之客。仔细一看楼牌，不禁"大惊失色"，原来这里是卢森堡大公国总理府的一处办公地点，刚刚经过的地方或许就是总理办公室的房间！

这里绿草如茵，树影婆娑，两层高的办公楼掩映其间，没有什么奇花异草，更不见人工雕琢的痕迹，一切都是那样的天然、朴素无华，与房前屋后都能看得见、找得着的普通人家毫无二致，根本没有我们想象的那样富丽堂皇。

卢森堡的王宫，也就是大公府，也是朴实得令人慨叹。在老城的街巷之中，一座西班牙风格的三层古老建筑，线条简洁，没有任何刻意铺陈和装点，丝毫比不上其他国家宫殿的豪华气派。

大公府外除了一名站岗的士兵，没有任何标志，任由游人拍照留念。

有人以气吞山河之势用财富堆砌一个又一个金光灿灿的场面斗富，更有人寻思怎样将自己的财富与别人作区别——这就是格调与品位。

在欧洲，低调即意味着高品位：你在明处，我就在暗处；你隆重，我随意；你张扬，我矜持；你热闹，我僻静；你门庭若市，我曲径通幽……

在卢森堡，你会处处与这种低调不期而遇——看上去足够旧，足够随意，足够不起眼，却足够高贵。

你会在一条小巷尽头，见到一扇旧橡木大门，是酒吧，却不一定会有BAR的标记；或者会见到一个终日关着门的服装店，里面没有人，灯光也不惹眼，却挂满了每一件你都想试穿的漂亮衣裳；也可能是一家小画廊，开在老旧的房子里，不用广告，更没有"欢迎光临"的姿态，只是在考验着每一个过路者的胆识和眼光……

囊中羞涩的人会被所有精致的细节所吓退，没有眼光的人根本不会发现这些场所。

在到处都飘浮着个性与欲望的时代，这样的低调所渗透出的一点点傲然与空灵，无法不让欣赏它的人怦然心动。

卢森堡市是一座峡谷城市，市内有一处美丽壮观的河谷——佩特罗斯大峡谷，东西走向，宽约100米，深约60米，将卢森堡市自然地分成南北两个城区。

市中心处于河谷地带，有110座大小桥梁连接各高地和山坡。这些桥梁大多是旱桥，建立在壁立的岩石之间，使河谷与城市变得更加宏伟壮观。

站在飞架峡谷之上的阿道尔夫桥上，大峡谷两岸风光尽收眼底。峡谷幽深，两岸峭壁上长满苍松翠柏，谷底是一片平川，中间一条小溪，款款漫流，清澈透亮，犹如两条随风飘荡的绿色缎带。桥下谷地绿草碧树，座座民房点缀其间，整个大峡谷显得恬静、安宁，宛如美丽虚幻的"世外桃源"。

远眺美丽的卢森堡市，老城区内树木葱茏，尖顶的哥特式建筑和石砌小楼，错落有致，清净幽雅，充满了中世纪的古老情调，一派古色古香的浓情深意。

卢森堡人自豪地说："独特的建筑体现了历史和多样性，保护好有价值的古老建筑，就是保护我们的历史。"

时间的痕迹对于一座城市来说，无疑是最根本的见证。"人生代代无穷已，江月年年只相似"，逝者如斯，物是人非。

人，作为存在的客体，来来去去，留下的痕迹被时光的潮水冲刷，最后留下一些印记，写成一座座城市有形的历史，作为城市的记忆，供后人找寻、凭吊，从而找到延续的方向。

德国学者奥斯卡·舒雷尔曾对城市在塑造人的力量方面充满激情地写道："谁要是有幸生长在旧屋残破的魅力中，他就会感受一座古老城市的造型力量。他会感到这座城市的风格在它的纪念物中得到提升，仿佛这座城市与他一起长大似的，他会对重获勃勃生机心怀感激，烟波往事如风拂柳，内心的感觉——化作实物的造型。古城的这种造就人的力量也将渗透到未来人生命中。"

这不是一种分析家的眼光，而是源自于心灵敏锐的洞察，只有深谙心灵生活的人才能阐释这些古老城市的秘密。基于此，他将城市面貌与人的面貌进行了比较：

> 相面的人能在人的面貌轮廓中认出一条决定命运的线索，这条命运线卓尔不群又烘托整体，同样，我们在理解一个城市的轮廓时也有这种感觉，虽历经沧桑，总能留下一个规定着各个时代特性的、化作石痕的、反映一个城市命运的线条。无论世纪怎样变换，每个具有历史积淀的城市总是在自我回归中，总是焕发在对自己本质的认知中。这样，一个城市才有了面容，它的所有建筑风格才形散而神不散。一座有活力的城市的神态从来都不会由某种随心所欲的风格所决定。
>
> ——《我们古老的城市》

具有历史意义的城市尺度，如果被割裂或粉碎，意味着人们将看不见一座具有完整系统的城市形象，意味着对特定历史区间人们关于城市记忆的心理尺度的撕裂。

历史上伟大的城市，无一不是经过长时间的积淀，一步步迈向辉煌。"罗马不是一天建成的。"暴发户式的建设只会糟蹋我们的城市，最后使它们沦为钢筋水泥的废墟。认识到这一点，对正在经历爆炸式发展的中国城市建设来说，尤为重要。

卢森堡的美，不仅在于风景秀丽，而且在于城市漂亮，老城古色古香，新城凝重端庄，新老城区协调统一，相映生辉。

6
无风的海牙不起浪

自然法是正当的理性命令，
是断定行为善恶的标准。

——［荷兰］格老秀斯：《战争与和平法》

    清晨，天空飘洒着霏霏细雨，从布鲁塞尔出发，汽车沿着欧洲19号高速公路，向着西北方向的荷兰海牙驶去。

    由于大西洋暖流的影响，欧洲的气候非常湿润，也就令刚到欧洲的外国人感到很特别——一会儿下雨，一会儿阳光普照，而空气却永远是清新、干净的。

    窗外，大片大片的绿地镶嵌在浓茂的树林中间，连绵不断地呈现在眼前。农田，房舍，花斑奶牛，一切都那么宁静、祥和，让我不禁想起了美国电视连续剧《草原小屋》里那令人陶醉的田园生活。

    在这样的风景里，能让人真正体会到什么是生活。欧洲，处处渗透着文化的底蕴，凝结着人性的光辉。

    荷兰一年四季有花，是世界著名的花卉王国。眼下正值暮秋，汽车行驶在荷兰花乡的原野上，举目四望，发现自己完全置身在花的海洋之中：到处是鲜花的田畦、彩色的阡陌，大地像一幅画家精心设计出来的绚丽图案，红的、黄的、白的、紫的、蓝的，一块连着一块，一色接着一色，纵横交错，无边无际。

古朴的村镇静静地矗立在鲜花的拥抱之中，围垦牧场绿草如茵，阡陌之间风车点点，就连居民庭院里的鲜花也从绿篱中争先恐后地探出头来，向行人招手问好。荷兰人就是以这样的气概播种着鲜花，装点着山河。

海牙（Den Haag），是城市老名字的缩写，意为"伯爵的篱笆"。

中世纪时，这里是荷兰伯爵狩猎的驻留地，1248 年开始建立城堡，后来又在城堡四周建起爵士宫等建筑，形成城市的核心部分，13 世纪末成为皇家行宫。

16 世纪荷兰人赶走西班牙人后，形成了七个独立的省份，各省一致选择海牙这个中立的地方作为召集会议的地点，海牙从此成为荷兰的政治中心。

19 世纪初，荷兰首都迁往阿姆斯特丹，皇宫、议会、首相府和中央政府各部仍设在这里。

现在，海牙仍是荷兰政府的所在地，女王贝姬特丽克丝的官邸也在这里。

汽车开进静悄悄的海牙，清晨的街道空旷洁净，几乎空无一人的有轨电车不时悄然无声地从身边驶过，梦一般地消失在某座教堂的一角——整个城市似乎还沉湎在惺忪的睡意里。

在凡依凡尔湖的南边，车子停了下来，这里是古老的荷兰议会大厦所在地。

议会大厦又叫"骑士会堂"，建于 1250 年，最初是荷兰伯爵的居所。

我们首先走进了一个大庭院，方石铺就的小路，古朴厚重的大钟，四周是一组哥特式建筑，四角都有红砖灰石的高塔，这里的一切似乎都还停留在 13 世纪。

每年 9 月的第三个星期二，荷兰女王要亲临此地，主持议会新年度的开幕式，届时，全市都要举行盛大的庆典活动。

海牙有 50 万人口，是荷兰第三大城市，是一座充满绿意的美丽城市，以整洁的市容和幽雅的环境闻名于世，享有"欧洲最优雅村庄"的美誉。

它河流交错，到处有绿草，到处有鲜花。建筑物一般只有两三层，很少有高楼，但却非常干净、漂亮，家家户户都在院子里、阳台上种植和摆放着鲜花，走到哪里都有花香飘随。

漫步在一条条幽静的小街道，街道两旁房门口牌子上的人名不时会带来意外的惊喜：笛卡尔、斯宾诺莎、伦勃朗……

斯宾诺莎格外喜欢海牙。他在这里的生活一直平坦无波，就像他从窗口看到的大地一样。他一直没有结婚，白天修磨光学仪器的镜头，晚上抽着烟斗，根据自己的兴致读点什么或写点什么。他曾有机会去德国当教授，但他拒绝了，他无法舍弃身心的宁静，宁愿在这里过着平静快乐的日子，生活在

◉和平宫远离闹市，周围树木环抱，庄严肃穆

真正的哲学家固有的清贫之中。

到海牙，一定要去看看国际法院，记得好像哪位"文化名人"这么说过。

1899 年，第一次世界和平大会在海牙举行，会议决定在这里成立常设的国际仲裁法庭，以调解和仲裁各国之间的纠纷，于是决定建造一座和平宫，作为国际法院的驻地。而直到 1946 年，第二次世界大战结束后，联合国国际法院才正式成立。

和平宫是海牙的象征。它远离闹市，周围树木环抱，显得格外雄伟、庄严。

和平宫于 1907 年动工兴建，于 1913 年竣工。由美国钢铁大王安德鲁·卡内基捐资 150 万美元，采用法国设计师设计的方案，由各国捐赠的建筑材料建成。

和平宫是一座宫殿式建筑，棕红色，呈长方形，一共两层。屋顶有三个高低不等的尖顶塔楼，左边塔楼最高。正门是由九个大拱门组成的走廊，底层的拱顶大厅全部采用大理石修建，金色的浮雕栩栩如生。宫内有各国政府赠送的礼品，美国赠送的司法女神石雕坐落在大厅中间的主楼道正中，中国捐赠的四个一人高的红木底座景泰蓝大花瓶，则陈列在一楼的楼道上。

和平宫最引人注目的当然是大法庭。大法庭正面中间为法庭席，后面排列着高背椅，审理案件时，全体法官都出庭。

第一次世界大战后成立的国际联盟在海牙设立了国际司法常设法庭，它与原来的国际仲裁法庭都是国际联盟下属的司法机构。第二次世界大战后，这两个法庭改名为国际法院，成为联合国的司法机构，联合国会员国都是国际法院的成员。法院设法官 15 人，分别由联合国大会和安理会投票选举产生，法官不代表任何国家，任期 9 年，连选连任。

这里是世界著名国际法学专家的荟萃之地。1985 年，倪征奥成为新中国第一位在国际法院出任法官的法学家，1994 年和 1997 年，史久镛与王铁崖先生分别被选为国际法院大法官，我国著名国际法学专家史久镛先生不久前还被推选为国际法院院长，成为中国国际法学界的最高荣誉。

这里也诞生了许多重要的国际公约，如《和平解决国际争端公约》、《海战时中立国权利义务公约》以及关于处理非法劫持飞机的公约等，这些公约都被简称为《海牙公约》，成为国家间交往所共同遵守的国际准则与惯例。

和平宫内的国际法图书馆是一家公共图书馆，它是世界上最大的收藏法学书籍的图书馆，每年购买和受赠的图书约 3000 种。这里还设有国际法学院，各国学习国际法的学生，每年都可以到这里参加考试，通过即可授予学位。

走出和平宫，不期而遇的三拨参观者，竟然都是"富起来的"中国人，一下子使宫前广场的栅栏内外拥挤、嘈杂了许多。

1998 年，西方主要国家在罗马制定了一部《国际刑事法院规约》，又称《罗马规约》，决定在海牙建立国际刑事法院。它将是全球第一个对个人进行审判的国际刑事法院，法院将审理有关宗教及种族屠杀罪、战争罪和反人类罪等罪行，经法院审理，犯有上述罪行的罪犯将被判处最高达 30 年的监禁，在极端情况下，甚至可以判处终身监禁。法院有权对发生在批准国领土上的任何罪行或由这些国家的公民犯下的罪行提出诉讼，同时也对尚未批准这项条约的国家的公民在批准国境内犯下的罪行提出诉讼。

欧盟 15 国均批准了《罗马规约》。而一贯打着"民主"、"人权"旗号对其他国家说三道四、一贯以"世界警察"面目出现的美国却对此坚持双重标准，他们"不希望美国士兵、外交官或其他美国人牵扯到有政治动机的刑事起诉中"，他们反对该法院有权起诉来自美国和其他尚未批准《国际刑事法院规约》的国家的公民。

美国极力支持前南问题国际法庭，强调任何一名战犯都逃脱不了惩罚。与此同时，华盛顿却希望美国人不受这种约束。华盛顿还试图同其他国家达成双边协定，禁止将美国公民移交给国际刑事法院。他们还进一步威胁说，若美国人不获得法庭豁免起诉，将不再参与联合国的维持和平任务。

美国的行为违背了民主和法治国家的基本原则，其借"人权卫士"之名行"称霸世界"之实的本来面目昭然若揭。大赦国际指出，"美国的态度使司法的完整性受到威胁"，"是对作为最基本的司法原则之一——不对种族屠杀、战争和反人类罪行进行豁免的原则——在全球范围进行的挑战"。荷兰人更对美国制定的《美国军人保护法草案》表示气愤，称它是"入侵海牙法"，所有批准国际刑事法院规约的欧盟国家也对此表示"不安和担忧"。

今日国际社会，霸权国家的独夫之心，日益彰显，天下人敢怒者而不敢言，敢言者而不敢拦，就连联合国这样的世界性组织有时也不得不忍气吞声，顾左右而言他。

而那些苟且偷生者，更是"低头不语，期候小惠"——国家机器和市场经济早已成功地消解了民间知识分子的社会批判功能，使他们陷于失语的尴尬境地，而那些充当政府智囊和幕僚的精英知识分子，更是丧失了独立批判的天职。

只有萨义德、乔姆斯基，只有他们那样称得上是真正的知识分子的杰出人物，才敢于以笔为枪，像堂·吉诃德那样单枪匹马地在"以不屈不挠的博学，发出自己的声音"。

自由与正义，是人道主义的集中体现。然而，这个"人之所以成为人"的根本命题，却在风雨飘摇的人类历史长河中，始终扮演着极为尴尬的角色。

正是那些最热衷挥舞自由与正义大旗的，背后往往藏着不可告人的目的。在这个幽雅清静的小城市，谁知道在那高墙大院里面，何时风平浪静，何时骇浪滔天？

午后，阳光和煦。汽车穿过一片茂密的城市森林，天空突然变得明亮起来，蓝天变得更蓝，白云显得更白，就像所有 17 世纪的画家的作品一样，色彩鲜明，清澈无比。造成这种情况出现的原因不会是别的，只能是大海的临近，只有大海能够造就这样绚丽的天光。

北海岸边的小镇风光秀丽，环境幽雅。清新的海风吹拂着繁茂的树林，碧蓝的海水依偎着色彩艳丽的海滨公寓。行走在长长的海滨大道上，低飞的海鸟不时绕到身前、脑后，东张西望。

长达 5000 米的斯文宁根海滩人迹寥寥，秋冷的海水拒绝了人们对日光的渴望。我眺望着无数英雄好汉成功横渡的英吉利海峡，却想不清人类思想的鸿沟该如何逾越……

7
阿姆斯特丹的"水鬼"

> 宽容与自由,
> 是阿姆斯特丹人的骄傲。
>
> ——[英国]小约翰·威尔斯:《1688年的全球史》

从海牙的沉静中走出来,在风车镇、民俗村作短暂停留之后,汽车继续向东北行驶。

此时,天空早已放晴,惠风和煦,秋高气爽,放眼望去,天蓝地翠,美好的心情也随之像天空一样变得晴丽舒畅。

扑面而来的,是广袤的田野中灿烂的郁金香,一望无际;绿油油的田野、悠闲懒散的花斑奶牛、忽隐忽现的尖顶教堂、缓缓转动的风车、清丽高远的蓝天,到处呈现出鲜明、恬静的田园风光——亦真亦幻的荷兰,就这样在一派群芳妩媚、风水流转的美丽梦境中出现了。

伴随着一路的芳香和沉醉的心情,汽车从世界上最著名的港口城市、也是美国著名作家房龙的故乡鹿特丹城中穿过。

在从鹿特丹到阿姆斯特丹的高速公路上,看到的是一马平川,可是天空中的云却给我留下了更深刻的印象。

我从未见过这样千变万化的云,就像画家的笔在天上搅动出来的一般,翻转着涌动着,十分壮观。灰的,白的,灰白相间的,而当太阳被遮住的时候,灰白的色彩则更浓烈一些。这种状态似乎只在油画里见识过,而我以前一直认为画中的东西是假的,不真实,直到看见这里的云,我才真的相信为什么会有油画了，才恍然大悟为什么油画起源于欧洲了。

不到 20 分钟，就到了名扬全球的色彩之都——阿姆斯特丹。

彼得·德·拉古把阿姆斯特丹的诞生归结为一次海啸：海啸"在泰瑟尔岛附近冲破了沙洲保护线"，于是便出现了须德海，人们因此可以乘坐大船通过泰瑟尔水道，波罗的海的航海者便在至此还只是一个普通村庄的阿姆斯特丹会面和贸易。

从那时候起，阿姆斯特丹总是船满为患。一名旅行者于 1738 年说："我从来未见过如此惊人的奇景。如果没有亲眼目睹，不能想象有 2000 条船在同一港内的绝妙场面。"1701 年的一本旅行指南谈到，港内的 8000 条船，"樯橹林立，遮天蔽日"。船只数目到底是 2000 还是 8000，我们没有必要深究，然而可以想象的是，从著名的丹姆广场放眼望去，满眼都是各色船旗的壮观场面。

荷兰号称"低地之国"，它的四分之一土地低于海平面。"半个荷兰夺自海洋"，因为这个"海平面下的王国"是通过罕见的围海造田工程使土地面积增加的，世世代代的荷兰人围堤筑圩，向海争地。可以说，如果没有围海造田，就没有今天的荷兰。"上帝造人，荷兰人造地"，并创造了农业人均收入世界第七、农业出口额世界第三的奇迹。

◉ 风车，流水，难怪风水好

阿姆斯特丹就是这个奇迹的写照。世界上大多数人都知道威尼斯"水上城市"的美名，殊不知阿姆斯特丹大部分城区低于海平面1—5米，是一座奇特的"水下城市"。每当冬季涨潮时，北海海面竟与城内陆地上的二层楼顶齐高。这里过去的建筑物几乎都以木桩打基，全城有几百万根涂着黑色柏油的木桩打入地下14—16米的深处，在此之上盖起房屋，目前城内这种泛屋浮宅仍有两万多家。

"到处都有水，无处不通船"，阿姆斯特丹是名副其实的"水乡"。

中学时曾看过一部名为《阿姆斯特丹的水鬼》的电影，除了已经模糊的恐怖情节，阿姆斯特丹那纵横交错、神秘莫测的水道给我留下了深刻的记忆，从此，对阿姆斯特丹也就有了别样的向往。

阿姆斯特丹有运河165条，桥梁1281座。以中央火车站为中心，城区依次有辛格、赫累、皇帝、王子和阿姆斯特五条骨干运河，在五条骨干运河之外还有百十条放射性的小运河相连相接。

密密麻麻的运河把城区分割成许许多多的"小岛"，城市的街道、商店、教堂和住宅就建在这些"小岛"上，"小岛"之间连接着上千座形态各异的桥梁，构成了多姿多彩的独特水城风光。

市区内被众多运河分割的土地寸土寸金，即使是政府办公机构、财力雄厚的大银行和公司，所占的建筑临街长度也很难超过20米，普通民宅更是比肩接踵地挤在一起，因此，阿姆斯特丹老城内的拥挤不堪是出了名的。即便如此，也从没有人想过要"拆迁"房屋或者"拓宽"道路，他们宁可安步当车或者借助自行车。

阿姆斯特丹市中心周围环绕的是运河环，它包括三条建于17世纪的同心运河和城里主要的经典建筑。因此，快速观光浏览阿姆斯特丹市景的最佳方法，就是乘坐运河游艇，领略阿姆斯特丹昔日犹存的风韵。

午后的阳光，懒洋洋地折射在清澈的河水里，不知名的海鸟与憨笨的鸳鸯在河面嬉戏着；缓缓的水流，似乎已被水中柔丝般的水草所陶醉，为运河平添了几分鬼魅般的缠绵。

轻舟浅行，水花微溅，运河两侧的景致美不胜收。

运河将城市围在它的臂弯里，宁静的古宅兀自存在着，对游客的到来并不在意。

两岸的房舍别具一格，华美的山墙和飞檐、镂刻的浮雕和精致的门框各家不同，漂亮的公寓以及室内的优雅情趣一览无余。

荷兰人的室内装饰与家具闻名于世，每一件器具，每一株花草，每一幅画，都显示出主人的精心与品位，既给路人留下无穷的谈资，更使游客置身美景之中而获得额外的享受。

运河是阿姆斯特丹的灵魂，阿姆斯特丹人离不开运河。沿途我们看到，许多船只停泊在岸边，这些船种类各异，既有粉饰亮丽、带有顶棚花园的平底船，也有比较坚固的流动篷船，船上都挂着颜色不同的旗子。游艇上的解说员介绍说，这就是阿姆斯特丹特有的"船屋"（ship house）。

今天的阿姆斯特丹大约仍有 5000 人生活在日日夜夜漂泊在运河上的 2400 余条船屋上，他们既不是穷人，也不是买不起公寓才在这里安家落户，相反，运河上的生活费用是很高的，租用一条船和停泊地的费用能抵上租用同样大小的公寓的费用。

每条船就是一幢住宅，而且也有门牌号，可以通邮。船屋里的设备也是一应俱全，自来水、电灯、电话、电视、洗衣机、厨房、卫生间等应有尽有。有的船屋十分豪华，有大扇开门甚至阳台，船体被分割成好几个房间，有客厅、卧室、餐厅，既是居住场所，又开辟了娱乐空间，生活非常舒适、方便。

对于船上生活的人而言，这是他们特意选择的一种生活方式。

40 分钟的运河游走马观花，令人流连忘返。走下船来，心中涌上来的，却是丝丝的遗憾，恨不能一头扎进水里，充当一回"阿姆斯特丹的水鬼"，将运河看个够。

出了码头，柔和的街灯已经将城市的夜晚点亮，五光十色的色彩从四面八方流淌出来，衬托出阿姆斯特丹分外妖娆的夜色。

蒙蒙细雨中，漫步在著名的丹姆广场，环顾四周雄伟的皇宫、高耸的新教堂和国家二战纪念碑，令人心旷神怡。

皇宫建于 17 世纪，是一座用木桩撑着的宫殿，下面用于支撑的木桩共有 13659 根，木桩打入地下 70 英尺。游人站在这座富丽堂皇的皇宫面前，恐怕怎么也想不到它竟是一座用木桩支撑的宫殿吧？

丹姆广场由 30 万块石头铺成的，显得古朴典雅。广场上到处是表演的人，朋克摇滚歌手、杂耍、木偶、小号手等，或夸张卖弄，或孤芳自赏，旁若无人。成群的鸽子与游人结伴，其乐无穷。

阿姆斯特丹给人的第一个感觉就是"自由"——这里的一切都像它的海风和鲜花一样，清新，爽朗，无拘无束。

阿姆斯特丹是一座舒适的城市，从其居民出游时所骑的笨重的老式自行车和他们所乘坐的沿着一个个运河慢悠悠地运行的驳船，人们就可以体味到其悠闲的节奏。

漫步在阿姆斯特丹大街上，“叮叮当当”的自行车铃声不绝于耳，一辆辆自行车在人流和汽车的夹缝中招摇过市。自行车无污染、节能，一直被荷兰政府视为可持续发展交通战略的重要一环。

荷兰的每个城市都有专用的自行车道，在汽车道和步行道之间，窄窄的，一般只够一辆自行车通过，但绝对是专用，连行人都不可以占用。

早在20世纪60年代，阿姆斯特丹市政当局出资购置了一批自行车，放在街上，谁需要谁骑，用完了可以存放在附近的任意一个存车站。所以，荷兰人都养成了“买车不如借车”的习惯，因为大街上到处都是停靠着的自行车，分不清是政府的还是私人的，随便骑上一辆，到了目的地一放了事。

难怪在阿姆斯特丹有一则笑话说，如果你在大街上大喊一声：“站住，把我的车放下！”保证有一半的骑车人会弃车而逃。

阿姆斯特丹还是一个极度开化的城市。如果按照我们中国人的思维习惯，这里简直就是无奇不有——荷兰人似乎热衷于惊世骇俗。

在历史上，信仰自由在这里就成为必不可少的准则。据布罗代尔考察，“在这个共和国，人们没有任何理由抱怨自己在信仰问题上受束缚”。“世界各国的人民在这里都能根据自己的信念和信仰侍奉上帝，尽管新教占据统治地位，人人都能自由地根据自己信奉的宗教举行礼仪，当地的罗马天主教堂达25所之多，祈祷和弥撒可公开举行，与在罗马无异。”

今天，当大多数现代化国家在立法时仍将个人隐私等问题列为外围问题看待时，这个郁金香国度的首都却认为将这些传统禁忌问题彻底洗刷清白是有益的。

荷兰人认为，应该寻找最好的办法降低社会问题的危害，而不是仅仅减少对边缘人群的危害。正如荷兰司法部最近所说：“我们的原则是法律程序对社会的伤害不能超过犯罪本身。”

吸食大麻合法化就是这个原则的体现。

从1976年开始，荷兰把毒品分为硬毒品和软毒品。硬毒品如海洛因、可卡因和安非他明，它们对公众健康构成难以承受的威胁；软毒品如大麻。因此，荷兰禁毒的特色就是“以毒治毒”——允许18岁以上的成人购买少量（不超过五克）的软毒品大麻，并从哲学的高度出发，要求社会开展广泛的教育运动，不鼓励使用毒品，对毒品的危害提出警告，并提供一套完整的治疗和预防办法。

据荷兰卫生部统计，吸食大麻合法化后，超过 75% 的大麻使用者没有再去尝试硬毒品，"大麻已经满足了所有的好奇心"。这些事实支持了"禁果理论"——尝试以后，吸引力降低；被允许后，抵抗失去意义。

尽管美、英以及周边国家对荷兰的毒品政策大加讨伐，特别是德国、法国、比利时，因为一到周末，这些国家的瘾君子们就蜂拥到阿姆斯特丹，但荷兰人依然我行我素。他们认为毒品政策不仅仅是一种政策，而是一种哲学，一种关于什么是好的生活的哲学。

在允许吸食大麻 25 年后，荷兰议会立法承认妓女有从业自由、同性恋者有权登记结婚。2001 年该国又规定安乐死合法。曾经沸沸扬扬的"公海堕胎"事件，引得一向以保守著称的英国人都参与进来。

在荷兰，没有穷人，也没有贫民区之类的现象。被人们认为是处在社会边缘的人，仅仅是那些因吸毒而不能恢复到正常状态的瘾君子，而这些人无论如何也不是衣不遮体的穷人。

在荷兰，国家对每个公民的投资都是相等的，贵族阶层的人甚至要贡献出他们收入的一多半给国家，这些钱被用于一流的保健服务、优等的教育、公共场所的安全和失业社会保障缺口。

由于失业保障过于慷慨，甚至使得许多人宁可待在家里而不愿意出去工作。因为生活一旦得到保障，就不必连续工作，尽可悠闲度日。

这种主动性失业也成了当前令政府头疼的一件大事，不得已宁可再拿出一部分钱来，"请"这些人出来工作。这或许是荷兰模式唯一的"悲剧"。

荷兰人充满活力和令人羡慕的生活态度，深远地影响着世界各地的慕名造访者。

8
从凯旋门到协和广场

玛格丽特，
香榭丽舍林荫道上一定有很多人吧？

——［法国］小仲马：《茶花女》

欧洲 49 号高速公路，是布鲁塞尔通往巴黎的必经之路。

深秋，欧陆的原野上到处是五彩斑斓的景色：茂密的绿色开始逐渐褪去，黄灿灿的树木簇拥在高速公路两旁，偶尔有提前泛红的枫树点缀其间，如团团鲜红的火炬在秋风中燃烧。这样的美景仿佛给巴黎之行镶上了一层金色的光环，格外令人激动。

汽车行驶在高速公路上，与法国著名的高速铁路并行，因此不时能看见目前世界上跑得最快的高速轮轨火车疾驰而去。

快到巴黎的时候，戴高乐国际机场频繁起降的飞机仿佛就在眼前高速公路的立交桥上拔地而起，早就听说巴黎的高速公路都是可以起降大型客机和军用飞机的，这一次才有了目睹的机会。

随着市区的临近，路上的汽车猛地增加了许多，宽阔的马路也显得越来越拥挤。眼看心仪已久的浪漫之都一点点靠近，激动的心情再也无法抑制，呼吸也开始变得急促起来。

巴黎异乎寻常的美能够征服所有第一次来到这里的人。

车子从巴黎的南面进入市区，经过新老凯旋门贯穿起来的"中轴线"，直接驶向戴高乐广场中央的老凯旋门。

◉ 雄伟、壮观的凯旋门

停车场车多人少，所有的人都在此弃车而去，奔向凯旋门。

远远望去，在柔和灯光的照射下，凯旋门异常璀璨昂然，雄伟壮观。

穿过地下通道，出来就站在了这个庞然大物的脚下。

闻名遐迩的凯旋门，是巴黎最抢眼的一张名片。它高 50 米，宽 45 米，呈淡黄色，气势磅礴。巴黎城区以凯旋门为中心，12 条大街呈辐射状笔直地向远处伸去。

1806 年，为庆祝法军胜利，拿破仑决定在巴黎建造一座凯旋门，但这项工程直到 1836 年 7 月 29 日才竣工完成。这时，被囚禁在圣赫勒拿岛上的拿破仑早已在孤寂中死去。

虽然人死了，凯旋门的外壁上仍然镶嵌着 10 块反映法兰西革命和拿破仑战争的浮雕，其中最著名的是刻在右侧石柱上、面向香榭丽舍大街的"马赛曲"浮雕，浮雕上有一个右手持剑的自由女战士，在振臂高呼，号召人们为保卫新生的共和国而战斗。拱门上方雕刻着数百尊两米高的人物塑像，记载着从法国大革命到法兰西第一共和国期间法国军队打过的所有胜仗（败仗不记载），内壁上则镂刻着同拿破仑出生入死的 558 位将军的名字。

如今，这里见证着更多的光荣与梦想。1989 年 7 月 14 日，凯旋门成为庆祝 1789 年法国大革命胜利 200 周年纪念日的重要场所。每年的国庆日，这里都要举行盛大的阅兵仪式。

缓缓地，我摄下了凯旋门的每一个细节，最后，镜头定格在熊熊燃烧的火炬上——无名烈士墓象征爱国主义的永恒之火。从这里抬头望去，就是号称世界上最美丽的林荫大道——香榭丽舍大街。

据说，这座凯旋门还有一个奇特之处，每当拿破仑忌日的黄昏，从香榭丽舍大街向西望去，一轮落日恰好映在凯旋门的拱形门圈里。

夜幕降临，街灯、车灯、装饰灯交相辉映，流光溢彩，香榭丽舍大街开始散发出迷人的魅力。

香榭丽舍法语意为"田园乐土"。17 世纪初，这里还是一片田野。路易十四在位时下令在此植树造林，辟为专供王公贵族消遣游乐的场地。1667 年，皇家园艺设计师勒诺特尔将杜伊勒利公园的景色延伸至此，1709 年这条街取名"香榭丽舍"，作为巴黎通往凡尔赛的皇家通道。

如今，她是法国式幽雅和魅力的象征，成为举行所有大规模全国性庆典活动的场所。

漫步街头，伴着闪烁的光，起舞的影，耳畔"南腔北调"，莺声燕语，各种肤色、操各种语言的游客在领略质朴的古老建筑的同时，也感受到了浓浓的现代气息。

大街上各色名店荟萃，其中多是时装店、香水店和饰品店。

露天咖啡馆座无虚席，装饰精美的餐馆里飘出著名的法国葡萄酒和法国大菜的浓香……那些布置得美轮美奂的橱窗，或精致典雅，或简洁明快，无论是结构、材质，还是色彩、灯光，点点滴滴、悄无声息地传递着大师们的匠心，到处弥漫着巴黎特有的浪漫情致。

漫步在这样的气氛里，没有人会不陶醉。在这里，给人感受最深的似乎并不是销售商品，而是在推展理念、引导潮流，徜徉其中，会使人忘记时间的存在。

香榭丽舍大街以协和广场和凯旋门为东西两端，全长 1.8 公里。虽经几百年的变迁，古意犹存，石板铺就的路面，平整光滑，让人仿佛仍能听得到遥远年代的马蹄声。

动静相宜是香榭丽舍的一大风格，东西两段风格迥异，一动一静截然不同，但又和谐地衔接为一体。

西段是大街的繁华区，熙熙攘攘，人气兴旺，华灯绚烂。原样保留的古建筑毗邻相连，各式精品店、专卖店、餐馆、咖啡馆、酒吧、电影院在此扎堆设立。东段长约 700 米，宽阔而不张扬，由协和广场延伸过来便怡然地展开了身姿。树木、草坪、花园、喷泉、雕塑点缀有致，餐馆、剧场掩映其间，给热闹的大街平添了几分宁静。

两段交界处则是一个直径为 140 米的圆形广场，四周喷泉不知疲倦地喷涌着，围着水池嬉戏的，有儿童，有年轻人，也有老人。更多的人坐在路边的椅子上，聊天，看报，观街景，打瞌睡。鸽子随处可见，时而翔舞于空中，时而在人群中踱步，气氛安宁而轻松，使宁静与喧嚣在这里自然过渡。

香榭丽舍大街的最东端，是巴黎最大的广场——协和广场。协和广场于1757年至1779年间修建，起初是献给路易十五的，所以广场中央有路易十五的骑马雕像。法国大革命期间，这座雕像被推倒，这里成了断头台的架设地点。利刃之下，从国王路易十六、王后玛丽·安托瓦妮特，到罗兰夫人和罗伯斯庇尔，许多大人物的头颅在此落地。1795年，该广场改名为协和广场。

广场中央竖立的埃及方尖碑，高23米，1831年由穆罕默德—阿里献给路易·菲力普，是从埃及卢克索神庙移来的。碑身的四面覆盖着记述法老拉美西斯二世丰功伟绩的象形文字，底部的图画则描绘了拆卸、运输和建立于现在这个位置的整个过程。

为纪念世纪之交、千年更替建造的"千年轮"，赫然矗立在广场东端，上面挂着的世界艾滋病日红丝带标志格外醒目。

在广场的四个角落，安放着八尊象征着法国主要城市的雕塑。

从广场中心四望，西面是凯旋门、香榭丽舍大街，东面是杜依勒利公园、卢浮宫，埃菲尔铁塔在塞纳河的南侧巍巍矗立。

在黄色灯光的照耀下，广场的气氛显得虚幻、迷离，世界上也许没有几个广场具有协和广场的这种每时每刻都散发出的奇妙的迷人氛围。

历经三百多年的演变，香榭丽舍大道已经成为法国最具景观效应和人文内涵的大道，这不仅是因为它的美丽，还因它独有的历史文化积淀。

有许多重大历史事件发生在香榭丽舍，1814年，反法联盟军进入巴黎，普鲁士和英国士兵在此宿营；1885年，大文豪雨果的出殡队伍经过这里；1944年，解放巴黎的军队在这里接受民众的欢呼；1970年，还是在这条大道上，法国人为戴高乐将军默哀……

在来巴黎之前，我从未想象出深秋的巴黎竟是这么馥郁，这么风情万种，我开始觉得只有深秋或者初冬的欧洲才是最有味道的欧洲。

特别是走在满街飘香的香榭丽舍大道，满天的梧桐叶从身后飞舞而下，就会深深地认同法国人毫不谦虚的自夸——"世界上最美丽的散步大道"，就会感到自己已经成为最最古典、最最有品位的人，就会感到那首咏唱香榭丽舍的歌在心中回荡：

哦，香榭丽舍
哦，香榭丽舍
阳光下，细雨中，在正午，在子夜
这里有你热望的一切
……

　　巴黎是迷人的，它犹如一串项链，把名胜古迹串在一起，而香榭丽舍则是这串项链上一颗闪亮的明珠，为巴黎抹上了最绚丽的一笔华彩。
　　无论白昼还是夜晚，世界上只有一个香榭丽舍，无须拿什么去类比。
　　香榭丽舍就是以她无法类比的个性，造就了天下谁人不识君的知名度。

9
夜游塞纳河

好吧，
就沿着塞纳河走吧。

——［法国］埃克多·马洛：《苦儿流浪记》

塞纳河，像一支饱蘸浓墨的毛笔，时而灵动，时而厚重，无边地点染着巴黎。

月光下的塞纳河，更加令人激动。

20：45，月光皎洁，人头攒动，来自天南地北的游客们登上了塞纳河的最后一班游船。

塞纳河是法国东北部的一条大河，它穿过法国的心脏——首都巴黎，注入英吉利海峡。

塞纳河在巴黎的诞生及发展中扮演着重要的角色，它与巴黎紧紧相连，犹如心脏与动脉连接得那样和谐，浑然一体。"塞纳河像一道弯弯曲曲的光线，把城市割成两半。"（欧文·斯通：《渴望生活》）它又像一条玉带，将巴黎轻轻地拥在怀里。

法国人说，没有巴黎就没有法国；而巴黎人说，没有塞纳河就没有巴黎。所以巴黎人深深地爱着这条河。他们发挥聪明才智，尽其所能地世世代代美化着塞纳河。

如今，它蜿蜒曲折，如诗似画，充满浪漫色彩，河堤两岸绿树成荫，人们或在绿荫中散步，或在岸边休憩，在夜晚的凉爽中得到休闲和满足。

塞纳河的游船路线是从埃菲尔铁塔附近的码头出发，往西岱岛航行，再前往圣路易斯岛环绕一圈返回，沿途既可以拜访巴黎的发祥地，又可以饱览两岸的名胜古迹。

游船徐徐前进，月色下的塞纳河温柔而富有诗意。

两岸的华美建筑流光溢彩，霓幻无穷，令人目不暇接。一座又一座漂亮的大桥不时从头顶掠过，每个桥洞都雕刻有精美的人物塑像，默默地注视着往来的各色人流。

眼前的良宵美景，令我有些顾此失彼，只能登上游船的最高层，用摄像机记录下这激动人心的时刻。

在驶近巴黎圣母院的时候，船上突然响起了用法语演唱的那首熟悉的英文歌曲《我爱巴黎的春天》，委婉动人的旋律弥漫在空灵的夜色里，捕捉着每一个脆弱而敏感的心弦。倚身游船栏杆，放眼塞纳河两岸史诗般的宏伟建筑，每个人都禁不住热泪盈眶。

巴黎圣母院建筑在巴黎的发祥地——塞纳河中的西岱岛上。圣母院建筑结构严谨，气势恢弘，在月光和灯光的映衬下，显得更加肃穆与神秘，敬畏之心油然而生。即使不是做弥撒的时间，这里也有大量的游客，在额头点上圣水，在胸前划上十字，在祭坛前点燃一支蜡烛，然后静静坐下，进入宗教氛围，与上帝对话。

巴黎圣母院对我们大多数中国人来说，首先是一本书，一部电影，来自雨果的《巴黎圣母院》，来自吉卜赛姑娘埃丝米拉达，来自敲钟人卡西莫多。

经过塞纳河切分的巴黎，自然形成了两个气氛不同的区域，即巴黎左岸和右岸。

自古至今，河岸一向就是最容易沾染时尚味道的地方，而著名的巴黎左岸更是以其浓郁的人文气息名冠天下。

19世纪，塞纳河畔到处充满着一种新兴的气息，一种抛弃了过去宫廷浮华、开始讲究属于思想、发自内心的清新气质，左岸则更加溢发出一种沉于内心的人文气息，成了代表丰沛人文思想的形容词。

"流动的蔚蓝，分了两半；城的两端，白云很淡；河的左岸，时间失去了长短；听着落叶疲惫的哈欠，可以看见慢慢分裂的世界的脸。"——在水影和风舞中漫步，享受孤独带来的清明，让人忍不住想象如果坐在两个世纪前的左岸咖啡馆，听着蓝调小号，心灵深处会有一种怎样的悸动？

有人说，左岸是一种境界，我想它更是一种态度、一种选择，就像哲学家的思考，既蕴涵真知灼见又不失浪漫。这里因为林立的咖啡馆与露天咖啡座、画廊、书屋等，而先后汇集了达·芬奇、雨果、雪莱、伏尔泰、萨特等艺术、文学、思想界的灵魂人物，他们在这里休闲的同时，沉淀着自己的思绪。

对内心和精神层面的观照，是巴黎左岸文化的标杆，它招徕了世界各地更多的文人骚客到此参拜和洗礼，留下了一抹抹灵魂际会的痕迹。

在巴黎圣母院的南侧对岸不远处，在西侧的圣米歇尔林荫大道和东侧的圣雅克街之间，坐落着世界著名的巴黎大学的前身——索邦神学院。

13世纪50年代，一个名叫罗贝尔·德·索邦的教师在国王的帮助下，开办了一个神学院，招徕一些穷学生研究神学。到了14世纪，这里逐渐发展成为神学研究中心，此外还增加了医学和人文科学的研究，成为当时基督教世界最著名的教学中心。17世纪，枢机主教黎塞留重修了学院与教堂的建筑群，学院也从单纯意义上的神学院发展为综合的巴黎大学。

1970年，根据新的高等教育改革，巴黎大学正式确立了13个分校，而今天索邦神学院的所在地，只保留着巴黎第一大学、第二大学、第三大学和第四大学的部分院系，巴黎大学的其他分校，早已突破了巴黎城区的界限。

巴黎的浪漫世人皆知，而巴黎大学的悠闲与自在更是闻名遐迩。

巴黎大学没有校园，没有集体宿舍，没有学生食堂，学生却可以凭借学生证在巴黎的几十家餐厅享用经济实惠的学生餐，据说只需10个法郎，就能吃到一份主菜，一份冷菜，一份甜食，面包和饮料则管够！

即便如此，学生们还是喜欢在学校门前索邦广场附近的咖啡馆逗留，因为那里既可以当作吃饭的地方，一份三明治就能解决问题，又可以用来读书和约会，只需一杯咖啡，便可稳如泰山，做作业，写文章，讨论问题。当然，还有谈恋爱。

索邦附近的卢森堡公园，则是大学生们最爱去的地方。傅雷先生早年留学法国时，就对这里情有独钟。

据说，公园最讨人喜欢的地方，倒不是优美的风景，而是可以随意搬动的铁椅——这一点最合年轻人的心思。

试想，从春天到夏天到秋天，椅子上总有朝气蓬勃的大学生坐着，喜欢太阳的，就可以把椅子放在花坛前的沙地上，眼前是红的花，绿的草，白的沙，蓝的天，沐浴金灿灿的阳光，只是不知道手中的书还能不能读得进去；喜欢安静的，可以把椅子拖到大树背后，或者池塘边的草地上，在冷清落寞中静读……怪不得早就有人总结出了在卢森堡公园读书的三大好处：一是可以读出声来；二是可以呼吸清新的空气；三是可以忙里偷闲，浏览那一片片花红柳绿，清水白沙……

卢浮宫，是塞纳河畔的一个杰作，她像是一位典雅的少妇，以蒙娜丽莎式的微笑注视着众多的艳羡者；也像是一位智慧女神，给文明的创造者以激情和灵感；更像是一所胸怀博雅的学校，从黎明到黄昏，默默地迎送着万千学子。

法兰西学院坐落在塞纳河的左岸，圣日尔曼地区，由美丽的艺术桥（据说，福柯年轻时曾试图从这座桥上跳下去自杀，结果未遂）与卢浮宫相连。

1635年，法国国王路易十三的首相黎塞留创立了法兰西科学研究院，至1795年，文学研究院、美术研究院以及伦理和政治学研究院相继成立，联合组成了著名的法兰西学院。这座著名的文化殿堂一直只保留40把椅子，即40位终身院士，而只有院士辞世空出名额，方能投票补选，入选的院士也因此被称为"不朽者"。自此，法兰西学院成为法国超越政治制度、超越时代限制、超越政权更迭的最高荣誉机构。院士享有王室成员的殊荣，甚至至今还享有佩带宝剑的权利。

法兰西学院创立以来，法国文学艺术大师拉封丹、高乃依、孟德斯鸠、伏尔泰、夏多布里昂、雨果、梅里美、大仲马等先后登堂入室，成为"不朽者"。学院的建筑风格以罗马巴洛克式的雄伟建筑为样板，前面立面的中间部分用立柱（国内俗称罗马柱）撑起三角形楣饰，楣饰上方为漂亮的圆顶。

30座形式各异的桥横跨塞纳河两岸，它们给巴黎塑造了一道道亮丽的风景。虽然它们当中有一些可能被重建了好几次，但它们的名字依然能使人回想起历史上各个时期不同的风俗和事件。

亚历山大三世桥，可以说是塞纳河上最美的桥。该桥建于1896年至1900年，以俄国沙皇亚历山大三世的名字命名，纪念俄法联盟的缔结。花环、天使手中的灯盏及海洋女神的象征性形象，构成了这座桥的装饰主题。右岸的两座桥塔上是表现中世纪法国和近代法国的雕像，左岸桥塔上的雕像则代表了文艺复兴时期的法国和路易十四时代的法国。塞纳河和涅瓦河是法国和俄国的象征，代表这两条河流的雕塑装饰着大桥入口处的桥塔，也将香榭丽舍大街与荣军院连接起来。

从亚历山大三世桥向南，有一片巨大的建筑群——路易十四下令建造、用于收养年老和伤病士兵的荣军院。建筑群包括荣军院旅馆、荣军院圆顶和圣路易教堂。据说荣军院圆顶的整个穹顶都是用纯金装饰的，在阳光下熠熠生辉。

圣路易教堂内有一个拿破仑小教堂，将皇帝的遗体从圣赫勒拿岛运回的灵车就停放在这里。小教堂内还有一具大理石棺，1840 年，拿破仑的遗体被带回法兰西，就陈放在这具石棺中。事实上，这座教堂可称作纪念拿破仑的圣祠。拿破仑家族成员的墓也在这里，此外，还有一些其他法国伟人的墓。

先贤祠，永久纪念法国历史名人的殿堂，位于巴黎市中心知识分子云集的拉丁区，是一座与法国大革命同龄的建筑。

先贤祠最初完全是为了宗教目的而建，名字叫做"圣热纳维埃夫教堂"。工程于 1758 年开始，由于战乱和财政的原因，断断续续，直到 1789 年法国大革命爆发时，这座长 110 米、宽 84 米、高 83 米的建筑才算基本完工，而此时它的设计师苏夫洛离开人世已经九年了。1791 年 4 月 4 日，在法国政治家米拉波逝世之际，法国国民议会做出决议，教堂从此将用于安放功勋卓著的公民的遗骸，并改名为"先贤祠"，米拉波因此成为第一个被安葬在先贤祠的"伟人"。随后，这里成为法国民族英雄的最终安息地。

"伟人们，祖国感谢你们"，这是刻在先贤祠大门顶廊上的著名语句。法国人死后如果能够葬入此地，就成为万众景仰、国家感谢的伟人。

几百年来，法国人都把死后能够进入这座殿堂，作为人生最美好和最伟大的归宿。目前，共有 69 位对法兰西做出非凡贡献的人享有安葬于此的殊荣，伏尔泰（1791）、卢梭（1794）、雨果（1885）、左拉（1902）、莫奈（1979）以及孔多塞（1989）的遗体都在此占有一席之地。

旧书摊是塞纳河畔的一景。

多年前读过戴望舒的作品，记不住他的诗作，却对其偶尔为之的《巴黎的书摊》记忆犹新。很多年来，中国的文化人对塞纳河畔的书摊有过不少的回忆，其中充满了留恋与感激。朱自清先生在《欧游杂记》中写道："沿着塞纳河南的河墙，一带旧书摊儿，六七里长，也是左岸特有的风光。有点像北平东安商场里旧书摊儿。可是背景太好了，河水终日悠悠地流着，两头一眼望不尽；左边卢浮宫，右边圣母堂，古色古香的。"

很多人在滞留巴黎的日子里，最为乐意做的事情之一，就是去旧书摊看画、淘书。

也许，真正掏钱买的时候并不多，但即便摩挲观赏一番，也会心满意足，就像戴望舒为喜欢逛书摊的人出的主意那样："常跑旧书摊的人第一不要抱什么一定的目的，第二要有闲暇有耐心，翻得有劲儿便多翻翻，翻倦了便看

◉ 塞纳河上漂亮的游船

看街头熙攘来往的行人，看看旁边塞纳河静静的逝水。……倚着桥栏，俯瞰那满载着古悠并饱和着圣母院的钟声的、塞纳河的悠悠的流水，然后在华灯初上之中，闲步缓缓归去，倒也是一个经济而又有诗情的办法。"

　　而在某个午后，当流连于塞纳河边的微风之中，恰与一本好的旧书不期而遇，那简直就是远离故园万里之外偶遇佳友的感觉。就是在这里，我不经意地发现了1998年哈佛版的《The World's History》，而且仅用40个法郎就搞定了。

　　未到巴黎，总以为巴黎是绝对的新潮和浪漫；身在巴黎，才知道巴黎原来更注重传统与庄重。尤其令人叹为观止的，是巴黎对历史文化的珍视与呵护。

　　寻访旧物，可能是触摸历史最直接的方式。

　　重温历史可以让心灵变得深厚，接触自然可以使心灵变得开阔。唯如此，才能造就博大与精深。

　　在巴黎这样一个令人眩目的都市背后，总有一些更隽永的东西，让人在满足奢华欲望的同时慰藉渴望自由的心灵。就像巴黎的朋友赞不绝口的北京什刹海一样，在懒散与闲适的背后，他们总是更看重那里所蕴涵着的绵延不绝的文化精神。

夜幕下的巴黎灯火辉煌，塞纳河两岸人流不息。

巴黎人最会享受快乐的休闲时光，即使在冬日的夜晚，也忘不了抽空到塞纳河边消遣，或漫步，或骑车，或席地而坐，伴着塞纳河中行驶的游船，凭眺巴黎圣母院。每个人的脸上都洋溢着无拘无束的笑容，兴致勃勃地向过往游船上的观光客欢呼、致意，船上的人们也不禁被这样的场景深深地感染，用各种各样的语言欢快地回应着素不相识的问候。

此时此刻，海明威在半个世纪前的吟咏不禁浮上心头："如果你够幸运，在年轻的时候待过巴黎，那么巴黎将永远跟着你，因为巴黎是一席流动的筵席。"初冬的塞纳河，依然这样灵性十足。

塞纳河是巴黎的灵魂。它，不宽，也不窄，不急，也不缓，就这样静静地流淌着，默默地观照着世事的变迁，承载着古老文化的命脉。

10
凡尔赛的诱惑

世界上没有一个建筑像它一样，
清澈的空间有着这种闻所未闻的华丽繁富……

——[法国]玛格丽特·杜拉斯:《外面的世界》

仿佛春风拂面，明媚的阳光代替了连日来的阴云冬雨，大地一派温和与湿润。

进入一年中最后一个月份，巴黎的街道依然绿树成荫，风姿绰约，随处可见大小喷泉喷珠吐玉；公园里依旧有盛开的鲜花，淡雅的清香四处飘溢——冬日的花都依然无比妖娆，无比动人。

凡尔赛这个名字，听起来就会令人浮想联翩：1871 年日耳曼帝国在这里正式宣告成立；1919 年的巴黎和会在这里举行，签署的《凡尔赛和约》直接导致了中国五四运动的爆发……同样，在脑海中也会浮现出金碧辉煌、莺歌燕舞的宫廷景象。

凡尔赛宫是法国最豪华的建筑，距巴黎市中心 21 公里。

凡尔赛原本是一个简朴村庄中不起眼的小城堡，法王路易十三经常来这里打猎。后来路易十四在此大兴土木，由阿杜安—芒萨尔把它改造为一座极其富丽堂皇的宫殿，作为 17 世纪后期欧洲最伟大的国王的纪念碑，成为至高无上的皇权和无可匹敌的财富的象征。

凡尔赛宫在当时常被视为法国的首都，全盛时期宫廷内外共有两万人左右，仅皇宫本身就可容纳五千人。1789 年法国大革命后，它虽然不再作为皇

◉低头漫步，伟大就在眼前

室的宅邸，但其卓绝辉煌依旧。

实际上，任何辞藻都难以描绘凡尔赛宫的富丽堂皇和宏伟壮观。从远处观望，闪闪发光的凡尔赛宫，仿佛神话中的宫殿一般耀眼。今天，我们在惊叹路易十四的奢华的同时，无论如何也拒绝不了这种完美的震撼。

17世纪的欧洲是盛行"君权神授说"的专制君主时代，国王独揽大权，言出法随，统管一切行政，鼓吹其统治芸芸众生的权力由上帝神授。法王路易十四被广为传诵的一句话"朕即国家"，更为这一观念作了最适当的注脚。

路易十四是法国历史上最著名最奢华的专制君主，他关于个人独裁的一系列主张，大概受当时的红衣主教黎塞留和马扎林玩弄权势左右政局的影响，在其正式登基之后即声明他的权威凌驾于教会之上，并成立了一支常备军以加强他的非宗教性政治权力，并且依靠这支军队与西班牙及神圣罗马帝国大动干戈。在这一系列独裁力量的威慑之下，法国贵族都必须到巴黎郊外彰显王威的凡尔赛宫朝觐法王，而法王则借机在此监督他们。

凡尔赛宫占地面积110万平方米，其中宫殿面积10万平方米，园林面积100万平方米。庞大的宫殿以东西为轴，南北对称，在长达三公里的中轴线上，有雕像、喷泉、草坪、花坛。宫殿主体长707米，用香槟酒和奶油色砖石砌成。中间是王宫，两翼是宫室和政府办公处、剧院、教堂等。宫殿内部每一间宫室都雕梁画栋，金碧辉煌，靡费考究，足见当年路易十四的虚荣与奢靡。

凡尔赛宫最令人叹为观止的，是富丽堂皇的镜厅，它气势磅礴，端庄匀称，"巍巍然令人不敢仰视"。

镜厅长 73 米，宽 10.5 米，高 12.3 米，其实更像一条通道，两边与国王的居室相通。最特别的是，17 扇可以眺望花园的拱形窗户，与对面同样数目的、用镜面装饰的假窗相配，在硕大的波希米亚水晶吊灯的照耀下，宛如日月同辉，令人眩目。两侧的每一扇窗户间，摆放着一盏由镀金的女童天使雕像托起的水晶火炬灯，一共 24 盏。镜廊两旁的八座罗马皇帝雕像、8 座古代天神雕像及 24 支光芒闪烁的火炬和拱顶上的彩色绘画、吊灯、烛台以及彩色大理石壁柱、镀金盔甲，交相辉映，令人眼花缭乱，如梦如幻。

这里曾是举行盛大招待会和正式典礼的地方，如今，各色人等在此流连忘返，沉浸在繁华旧梦的追忆之中。

出镜厅，就转入了凡尔赛花园。

这是"一座不同寻常的花园"。它占地 100 公顷，绵延数公里，由瑞士湖和大小特里亚农宫组成，是典型的法国园林艺术的体现，也是"皇恩浩荡"的如实写照——"将草木织成花毯，让太阳为其颂歌"。

从凡尔赛宫出来进入花园，就像刚刚看完一幅巨画，在被那宏伟雄浑的整体效果感动之后，又转入了对精彩局部的细细欣赏，有一种神清气爽、"始知真放在精微"的感觉。

尤其令人赞叹的是，这里对原始树木进行精心保护，并非刻意安排地让它们融入了庭院环境之中，依山附势，自然天成，全然不像我们的有些园林，假山假水，雕梁画栋，完全失去了任何事物都无法比拟的天然之美。

无论站在镜厅的哪一扇窗户，都能将花园一览无遗，人工与自然浑然天成。

踏着白色的沙砾，放眼望去，每一座喷泉都有雕塑簇拥，水池，树林，雕像，教堂，尽收眼底。笔直伸展的园林大道与花坛，让人为之动容。古树、草坪、湖水，还有幽静的小镇，与王宫如众星捧月，相映成趣。

凡尔赛宫代表了法国人民的历史。每一处结构，每一件装饰，每一件家具，都向我们讲述着为建造这座宫殿而奉献一切的人们的故事。

人们说"镜花水月原是幻"，但对凡尔赛花园来说，已不尽如此了。

路易十四时代，凡尔赛宫内经常举办高雅的娱乐活动和盛大的欢庆晚宴。

伏尔泰曾描述了那种壮观的场面："骑士队伍后面跟着一辆金色的两轮车，高18尺，宽15尺，长24尺，象征着太阳神车。金、银、铜、铁四个时代，天体的各种标志，四季、时辰跟在车后步行。牧羊人抬着栅栏，步伐与小号声配合。小号吹奏之后，每隔一段时间，又由风笛和小提琴来接替。尾随太阳神车的人给王后、妃嫔们朗诵诗歌。赛马结束，黑夜来临。四千把粗大的火炬把举行欢庆的场所照得通明。两百个人在那里侍宴，他们代表着四季、农牧神、森林之神、林中仙女……"法国的社交圈子就是从路易十四时代出名的，据说闻名遐迩的巴黎时装便起源于路易王朝的宫廷舞会，而贵族历来是这样场面的主角。

路易十四时代，是一个堪为后人效法的富丽豪华、温文尔雅的时代。

今日，贵族与市民依然处于两个极端，如同精英与大众。市民的梦寐以求在贵族是天生的，精英的所思所想在大众是匪夷的。财富和权势并非贵族的标志，"是不是贵族视心智与脑袋而定"。西谚曰"三代出一贵族"，讲的便是超越物质的内涵。

其实，贵族并不是一种生活方式，而是一种思想方式，一种自然而然抗拒世俗化的思维习惯，能够这样思想的人便是我们所定义的精神贵族。可惜的是，眼下有钱有势的"贵族"多如过江之鲫，而真正的贵族却少如凤毛麟角。贵族时代恐怕一去不复返了。

凡尔赛宫超越了它的缔造者，它是整个法国的光辉与荣耀所在。1833年，它被辟为国家历史博物馆，1980年被列入世界文化和自然遗产名录。

如今，这里是法国领导人会见和宴请各国首脑与外交使节的地方。由法国前总统希拉克倡议举办的凡尔赛宫社会公益活动，每年在这里举行，成为法国乃至欧洲最高规格的社会公益活动。

走出凡尔赛，细雨霏霏，润泽的空气扑面而至，沁人心脾，狂热的心思一下子沉静下来。一个老人在广场上演奏着悦耳的音乐，现场为游人灌制唱片。

乘车远去，起伏的道路两旁，高大魁梧的白桦树线条流畅，银杏树撒下一地金黄，枫树抛下一片火红……

11
铁塔风云

啊，那是埃菲尔铁塔！

哦，那是埃菲尔铁塔！

——［捷克］米兰·昆德拉：《不朽》

如果说北京的象征是紫禁城，那么巴黎的象征毫无疑问就是埃菲尔铁塔——

在设计和构造上，两者都是独一无二的不朽杰作，两者非凡的建筑规模都能激起人们的崇仰之心，两者都证明了人类借建筑以显示自身才干的天生的愿望。

一百多年前，为纪念法国大革命 100 周年和举办世界博览会，法国总理提出了"要做一件极不寻常的事"的设想，结果，年轻的建筑师古斯塔夫·埃菲尔的铁塔设计在七百多件设计方案中脱颖而出。

1889 年 3 月 31 日，铁塔竣工，埃菲尔带着一群累得气喘吁吁的政府官员，攀登了 1792 级台阶到达铁塔塔顶。在雄壮、洋溢着爱国激情的马赛曲中，法国三色旗在当时世界最高塔的上空徐徐升起，迎风飘扬。

入夜，铁塔上点燃了一万盏煤气灯，两盏探照灯同时在塔顶转动，清晰地映出塔尖处由蓝白红三色组成的法国国旗图案。从此，埃菲尔铁塔名扬世界。

当时正值工业革命时代，也是进步和科学至上的时代。"进行这种尝试，是要使各种艺术都适应新生活造就的新方向，使人类的各种活动都与飞快变

◉云中牧女

化的时代所创造的新的鉴赏力保持一致。"

对于法国人同时对于一般欧洲人来说，埃菲尔铁塔就是将现代主义所有意义都囊括了的那一种结构，它是变化着的欧洲的一个巨大隐喻。

有趣的是，时值法国大革命100周年，埃菲尔铁塔被保守派称为"贵妇的可恨阴影"，诅咒了一番。就连莫泊桑、大仲马等许许多多的文化名人，也发出了愤怒的声讨。莫泊桑不无讽刺地说："欣赏巴黎之美，最好的地方就是站在铁塔上，因为只有这个地方看不见铁塔。"

后来，大家慢慢看习惯了，开始称它为"铁娘子"、"云中牧女"和"碧空百合"，诗人文森特·于多勃罗在《埃菲尔铁塔》中甚至称它为"天空之吉他"，开始拿它作为一种炫耀——巴黎人就是这么幽默。

事实上，正是埃菲尔工程师运用工业文明的标志——钢和铁，在巴黎的空中绘制出了非凡的金属线条。它们高高地耸立在巴黎的地平线上，似乎胜过了巴黎城中所有以往的建筑杰作。正像埃菲尔工程师本人所宣称的那样，巴黎以往的建筑象征着过去，而这座铁塔则预示着未来和人类即将取得的成就。

在当时看来，这话显得颇为夸张。但是埃菲尔甚至包括所有人，似乎都低估了这座铁塔对于巴黎和法国的历史意义。一百多年来，埃菲尔铁塔傲然挺立，俯瞰着塞纳河的柔波，以它充满了神奇的魅力，吸引着无数慕名而来的游客，顺理成章地成为巴黎乃至法国的传世经典。

每天参观铁塔的人都非常多，等候电梯的人们排成的里三层外三层的长蛇阵，也就成了这里的一道风景。不过趁着排队的时候，可以抓紧时间在小商贩手里买一些物美价廉的铁塔造型钥匙链和风光明信片。

埃菲尔铁塔高 320 米，塔身重 7000 吨，1792 级的台阶足够使游客"痛苦"地感受到法国历史的点点沧桑。

铁塔从下到上依次有三层观光平台，每层都有酒吧和饭馆，游客可以在此稍事停留，饱览渐升渐远、每一层都略有不同的独特的全景式景观。

乘坐电梯登塔，电梯就在铁塔中间直升直降，透过观景窗，随着电梯的缓缓升高，你会感到整个巴黎都在庄严地下降。

铁塔的一层可以忽略不停。到了二层，已经全然是在俯瞰巴黎了：房屋变成了模型，汽车变成了玩具，塞纳河变成了巴黎的血管，而天空似乎更近了，阳光也似乎更暖了。

这里的游客最多，观景栏杆前挤满了来自世界各地的男女老少，想拍张空旷一点的照片根本做不到。

继续乘电梯，就来到了铁塔最高层的观光平台，在这里绕塔一周，尽可以将巴黎的风光悉收眼底。巴黎是需要埃菲尔铁塔的，如果没有它，我们无法想象怎么从各个角度俯瞰这座值得俯瞰的城市。

法国诗人勃莱士·桑德拉曾写道："铁塔高矗于巴黎之上，帽子别针一样纤细。我们从它旁边退走时，它主宰了巴黎，直挺挺的，陡峭峭的。我们走近它时，它倾斜了，朝我们探过身来。从第一层台子看，它像开塞钻样围着自己的轴心旋转，而从顶端往下看时，它又好像朝自身折叠在一起，仿佛劈一字腿，脖子缩了进去……"

"高处不胜寒"——在铁塔的最上层，我感受到了它的孤独——没有平起平坐的对话者，只有流动的风，只有不定的云，只有忽远忽近的鸟儿，是它寂寞无常的侣伴。一年 365 天，每一天都有无数双温热的手抚摩过它冰凉的身躯，而它却依然孤独。而人在这样的高度，除了孤独，可能还有恐惧。

巴黎的城市风格特色鲜明，浑然一体，到处是整齐规范的石头房子，灰白色的它们连成一片，构成了一个石头的巴黎，一个壮阔的巴黎。

巴黎不仅古迹维护完好，商用和住宅建筑也都保留着 17 世纪和 18 世纪的原貌，还有每幢石头房子窗口伸出的各色花朵，一种很平常的花朵，却与石头的颜色形成了和谐而鲜明的对比，使那颜色更加纯正、洋气。

据说，城内普通建筑的任何维修和改造都要经过严格审批，同时必须保持原有的风格和高度。即便如此，如果让雨果登上埃菲尔铁塔俯瞰，今天的巴黎在他老人家眼里恐怕更加"惨不忍睹"。

在雨果时代，巴黎人只有登上巴黎圣母院的钟楼才能一睹城市的芳容。

雨果在《巴黎圣母院》中描绘道："塞纳河横穿巴黎，河中船只和岛屿拥塞，河上有多座桥梁横过。四周，是大片原野，各种作物的农田星罗棋布，一座座美丽的村镇点缀其间。远方，有群山环绕，犹如这块盆地的镶边。"

而如果将时间再上溯几百年，那时候的巴黎更有一种孩童般的清纯与圣洁，索尔兹伯里的约翰在写给托马斯·贝克特的信中就是这样描绘 12 世纪的巴黎的："我绕道去了趟巴黎。在那里目睹生活用品富足，人们情绪轻松，教士受到尊敬，整个教会享受着尊严和光荣，哲学家从事各种活动，这时我惊喜地相信，自己看到了雅各的的梯子，它的顶端触到了天堂，天使就在梯子上面上上下下。为这次幸运的朝圣之旅所感动，我得承认：上帝就在这里，而我却没有意识到这点。我的心头涌出下列诗句：'最幸福的终身流放，就是居住在这个地方。'"（[法] 雅克·勒戈夫《中世纪的知识分子》）

为了更好地保持巴黎市区的原貌，1955 年法国政府下决心全面规划建设

◉ 铁塔下的巴黎——塞纳河、凯旋门尽在眼底

"巴黎新区"，将所有的现代化超高层办公楼都建在那里。

经过四十多年的建设，如今巴黎西北的拉·德芳斯区（又称巴黎新区）高楼林立，公路纵横，呈现出巴黎充满生机的另一张面孔，呈现出与历史名城巴黎迥然不同的城市风貌，同时又与老城保持着紧密的联系，可以说是现代城市建设史上的一个典范。

"巴黎新区"巨大的拉·德芳斯门与老城中心的凯旋门遥相对映，因此又被人们称作"新凯旋门"，而拉·德芳斯门中空的大拱门的空间，刚好能放入老凯旋门。

站在埃菲尔铁塔上俯瞰巴黎，只见老城中心的卢浮宫、凯旋门和新城的拉·德芳斯门正好由公路连成一条步步升高的直线，构成了巴黎极其壮观的"中轴线"，任何人都不得不赞叹这令人叫绝的构思：巴黎在发展，历史在延伸，历史与现代密不可分。

埃菲尔铁塔因其高耸入云的英姿闻名于世，如今巴黎市政府却打算从相反的方向拓展它——地下——建造停车场、人行通道、购物中心、影剧院、博物馆、会议设施和饭店。这将是埃菲尔铁塔112年历史上最大规模的改造计划，预计工程将耗时四年，耗资7600万欧元。按照计划设想，建成时游客在地下透过玻璃地板，就可以观赏高高在上的埃菲尔铁塔的雄姿。

入夜，埃菲尔铁塔彻夜不熄的橙黄色灯光将其装扮得更加雍容华贵，在任何一个角落，任何一个时候，哪怕是最不经意的一瞥，它都会让你感到摄人心魄。

巴黎的这个标志，时刻都在提醒你，此时此刻是在世界上最著名的文化艺术之都。

12
圣母之光

> 伟大的建筑，
> 如同高山一样，
> 是多个世纪的产物。
>
> ——[法国]维克多·雨果：《巴黎圣母院，石头的交响乐》

　　清晨，当我真的站在塞纳河中心的西岱岛上，面对朝阳笼罩下的巴黎圣母院的雄伟壮丽，我的确被深深地震撼了。

　　这座世界上最庄严、最完美、最富丽堂皇的哥特式教堂，虽然经历了八百余年的风雨沧桑，但其非凡的气势和精美的雕饰仍然风韵犹存，令人叹为观止。

　　哥特式建筑代表着欧洲中世纪建筑文化的最高成就，教堂则是哥特式建筑最突出的代表。在中世纪初，当法国这个国家还没有形成时，法兰克人就直接与中世纪文明挂上了钩，随着基督教的传播，教堂开始在法国遍布，从而成为哥特式教堂的发源地。

　　哥特式教堂建筑的特点，是以细长的柱子代替厚墙，使外形看上去高耸轻盈；内部则装饰镶嵌画和彩色玻璃画，辉煌而神秘；线条轻快的尖拱，造型挺秀的小尖塔，轻盈通透的飞扶壁，造成一种向上升华、令人神往的神秘幻觉，仿佛要摆脱地心引力，飞向天国——似乎因此，人们离上帝更近了；教堂的窗户也是高高的，明亮的光线透过精美的彩绘玻璃照射进来，从而让信徒们的心灵在上帝的明光中震颤。

巴黎圣母院的建筑结构虽然错落参差，但却庄严、和谐，倔傲与灵秀巧妙搭配，浑然一体，在宏大和巍峨的主体造型中透出一种庄严的神圣感和神秘的奇幻性。

巴黎圣母院整个建筑分三层，从正面看，最下一层是一座尖形拱门，并排三个桃形门洞，门上是表现圣经故事和地狱景象的长串浮雕，密密麻麻，难以计数，但细腻生动，呼之欲出，堪称精美绝伦；中间一层是三扇硕大的窗子，中间直径约 10 米的玫瑰圆形窗下立着怀抱年幼耶稣的圣母像，左右站着亚当和夏娃；第三层是一簇排列有序的美丽栏杆，栏杆上面是两座尖顶的钟楼，各高达 69 米。

南钟楼悬一巨钟，重达 13 吨，即雨果在《巴黎圣母院》所描写的卡西莫多敲打的那口大钟；北钟楼则匠心独运地特设了一个 187 级的楼梯。在两座钟楼的中间偏后位置上，峥嵘地露出一个高达 90 米的尖塔。钟楼与尖塔，与分置于底层拱门旁的诸多圣经人物雕像，中层窗子旁的亚当、夏娃的塑像，以及那扇由 37 块玻璃组成的圆形巨窗前面所雕刻的"圣处女像"配合在一起，显得高深迷离，神秘莫测。

巴黎圣母院不仅建筑时间早，而且建筑时间长，从 1163 年动工，到 1250 年竣工，并在 14 世纪和 17 世纪分别进行过两次重大修复。它的建设，几乎牵动了全巴黎、全法国人的心。据说，南塔楼上那 13 吨重的巨钟，在铸料中所加入的大量金银成分，就是用当时巴黎的妇女们慷慨而虔诚地捐献出来的金银首饰熔成的。

巴黎圣母院所在的位置为巴黎的核心，巴黎的先民高卢—罗马人，最早就是在这里建立了了巴黎的城市雏形，所以至今计算巴黎到法国全国各地的里程都是以巴黎圣母院为起点的。

巴黎圣母院尽管建在岛上，但由于桥梁的连接，给人的感觉却好像是建在塞纳河畔。清澈的塞纳河水从圣母院的右侧缓缓流过，河水泛着粼光，频繁过往的游船不断地在河面上掀起层层涟漪，使两侧建筑物投在河中的倒影充满灵动的神韵。

圣母院正门前面是一片开阔的广场，正门入内是长方形大教堂。走进大教堂，给人的第一印象是它的宏大：教堂内大厅长 130 米，宽 50 米，高 35 米，可放千张木制座椅，整个教堂可容纳 9000 人进行宗教活动。

我屏息走进大厅，只见烛光点点，堂前祭坛中央供奉着天使与圣女围绕着的殉难后的耶稣大理石雕像，一位身着蓝袍的女唱诗人正在高声领唱。

据说，这个祭坛底下有一个关着的地下墓穴，专门用于存放巴黎大主教的灵柩。所有的灵柩都整齐地放在铁凳上，只有最后死的大主教的灵柩除外。他的灵柩头的一侧放在一只铁凳上，而脚的一侧则搁在地下墓室楼梯的最后一级台阶上，要等到后面有灵柩来才能扶正——这个规矩是在圣但尼的法国国王传下来的。

教堂内极高的穹顶和灿烂华美的五彩玻璃，笼罩在昏暗中摇摆不定的微弱烛光之中，一排排长椅上坐满了虔诚的祈颂圣灵的人们，同声应和，使肃穆的气氛向你直扑过来，神圣而隆重。

"每一个宗教节日和宗教仪式都表示着对一个发生在神话中的过去、发生在世界的开端的神圣事件的再次现实化。"（米尔恰·伊利亚德：《永恒回归的神话》）是神创造了人，还是人创造了神？世俗的时间流逝着，一去不复返，人死了生命也就结束了；而神圣的时间则可以不断地获得新生，从而成为永恒——这就是没有宗教信仰的人和有宗教信仰的人眼里的世界的根本区别——宗教徒希望永远生活在强大的原初时间里，经历宇宙的生成过程，感受生命的轮回和灵魂的重生。

大厅穹顶的拐弯处都有宽大的窗户，平静的光线经过彩绘玻璃的过滤，散发出幽幽的淡蓝色调，衬托出整个教堂的庄严华丽，肃穆幽深。

大厅的左侧有一偏门，可直通圣母院的后花园。后花园长着整齐的树木和精心修剪过的花草，并矗立着精美的雕塑。

从后花园眺望圣母院建筑的全貌，比从前面看更加错落有致，楚楚动人。

若登上塔楼顶端俯瞰，则可将附近著名的古典建筑朗拜尔旅馆、夏佩勒教堂、巴黎裁判所，以及稍远一点的先贤祠、卢浮宫、巴士底广场、索邦大学、蓬皮杜文化艺术中心等尽收眼底。

教堂的右侧，就是永远充满生机的塞纳河。

尽管巴黎圣母院以其建筑宏伟、历史悠久、雕塑精美而赢得了永久的光辉和不衰的声誉，但真正为这座建筑物增色敷彩、投光注影的，还当首推维克多·雨果的长篇小说《巴黎圣母院》。由于这部长篇小说所涵赋的积极的思想意义、深刻的社会内容和对理想与正义的不懈追求与憧憬，而使巴黎圣母院远远超越了它作为"建筑"和"教堂"的意义，而赋予了全新的社会价值和思想内涵，成为人们心目中革新与保守、拓进与妥协、正义与邪恶、善良与丑陋进行抗争并战而胜之的试金石与分水岭，成为昂然崇高精神的圣地。

的确，雨果和他的《巴黎圣母院》为这座声名远播的建筑平添了无限的

◉ 圣母院后花园

活力与魅力，举凡来到这里的人，无不怀着对作家人格形象与精神旗帜的景仰与尊崇。在全世界纪念雨果诞辰 200 周年的日子里，人们自然会不期然地把目光投向巴黎圣母院，并津津有味地品尝这道无与伦比的文化大餐。

夕阳西沉，薄暮的余晖笼罩着巴黎圣母院和她身边柔顺的塞纳河，教堂的尖顶，还有沧桑的石柱、葱茏的绿树，都蒙上了一层橙红色。在这样一种慢慢形成的、到处弥漫的色泽下，到处都含有一种暖暖的光彩和淡淡的韵味。

坐在圣母院后花园外侧的长椅上，什么也不想，慢慢寻找心里的宁静，阳光也渐渐地安详起来。

看着圣母院背后瘦骨嶙峋的样子，仔细辨别塞纳河水缓缓流淌的声音，遥想维克多·雨果和他笔下的平民贵族、钟楼怪人、乞丐大军，也就任由思绪如耳畔的钟声，悠悠扬扬地飘散出去。

这时，我深刻地感受到了这座基督徒心中的圣堂的苍茫意味。真正的圣城已经进入时光的深处，我们所看到的，只是她昨天的背影，而背影之美，只有从远处遥望，方能感知和发现……

13
蒙娜丽莎的真面目

就像按照猜想，
真的是蒙娜丽莎复制品的微笑。

——[德国]君特·格拉斯：《铁皮鼓》

巴黎市中心，卢浮宫两排东西走向的城堡式主体建筑自成院落，南面是充满浪漫的塞纳河，北面是滋养奢华的里沃利街。

午后明媚的阳光，撒满了卢浮宫广场。

卢浮宫广场，是巴黎华丽的转身，是巴黎最酷的地方。

广场上人头攒动，仿佛全世界的游客都在排队拜谒大师的杰作。著名的

●玻璃的新世界

贝聿铭玻璃金字塔，给古老平添了现代，给呆板平添了明快。玻璃金字塔一大二小，主塔高 21 米，用 675 块铝化玻璃镶嵌而成。棱线分明的玻璃随着光线的变化反射出迷人的光彩，与古老的宫殿相映生辉。

当初，许多人断言，如果收留了这个"丑八怪"，将会是巴黎和卢浮宫的灾难。如今，玻璃金字塔早已被当作又一处经典，被巴黎人所津津乐道——菱形的线条流光溢彩，透明和采光都极其出色。同样是无比和谐的宏大建筑，金字塔展现了一种强劲的创意：在原始建筑基础上，融合进一种更现代的精神。

从金字塔入口处沿梯而下，透过头顶的玻璃，可以欣赏到被折射得五彩斑斓的阳光。

在接待大厅，有供各国参观者自由索取的"卢浮宫博物馆导游图"，中文版导游图上，赫然印着"中华人民共和国国务院新闻办公室赞助"的字样，立刻备感自豪和亲切——在欧洲国家的这些日子，除了餐馆招牌，中文实在是太少见了。

⊙ 金字塔下的接待大厅

卢浮宫既是欧洲最大的宫殿，也是世界上最大的博物馆，它荟萃了无数精美绝伦的传世之作、雕刻精品和珍贵文物。

卢浮宫的原址是 12 世纪建造的一座城堡，1527 年，法王弗朗索瓦一世授权在此建造一座文艺复兴时期的宫殿，与此同时开始大规模地收藏各种艺术品。此后经过路易十三和路易十四时期的不断搜求，卢浮宫终于成为法国乃至全世界绘画和雕塑精品的大本营。1793 年 7 月 27 日，卢浮宫对公众开放，此后，藏品又不断增加。

对卢浮宫的馆藏贡献最大的是拿破仑一世，他把自己在各种战役中的战利品带回国。同时，他增设了卢浮宫的西翼，将卢浮宫扩建成法国古老建筑的典范之作。

如今，数量惊人、来自世界各地有名与无名的画家、雕刻家的不朽之作陈列于此。从古埃及、希腊、罗马到东方各国各个时期的艺术品，从中世纪到现代的雕塑、绘画精品以及王室珍玩，数量大约四十多万件，欧、亚、非的惊世之作琳琅满目、美不胜收。微笑的蒙娜丽莎、断臂美神维纳斯、迎风而立的双翼胜利女神，这些为世人熟知的作品，早已成为卢浮宫的镇馆之宝。

有人说，卢浮宫里任何一件艺术品，足可以买下一座城市——卢浮宫真的可以称作是"掳俘宫"。

卢浮宫一共四层，地下一层，地上三层，由中庭的叙利馆、北侧的黎塞留馆、南侧的德农馆组成，它们容纳着博物馆的七个部门，各用不同颜色以示识别。

参观者所能看到的展品虽然具有代表性，但却是卢浮宫藏品中极小的一部分，大部分都被保存在卢浮宫的储藏室里，只有专业人士经过特殊申请才能看到。

我希望更多地了解历史上的神秘文物。

手拿参观手册，我在中央大厅转了一圈，就直接奔向了埃及展馆。

粉红色花岗岩体的巨大斯芬克斯像，"坐立"在展馆的入口处，给人的视觉冲击力极其强烈，一下子就能把人领进神秘的古埃及法老时代。而公元前2500年左右的坐着的抄写员雕像和来自卡奈克神庙的阿梅诺菲斯四世的半身雕像，更是令人叹为观止。

浮光掠影地穿过一排排雕塑，当米罗岛的维纳斯那白玉兰般圣洁细腻、晶莹剔透的大理石雕像出现在眼前的时候，我被震得一时无语。

那分明是一个活生生的生命，在柔和的灯光下，她像在某个瞬间忽然转过身来，像在看你，又像在看远方，袅袅娜娜，虽然缺失了双臂，但表情与身姿依然焕发出勃勃的生命之力。她的身姿，让人感到母性和温暖，有一种对生命的感动。雕像高2.02米，被认为是希腊女性雕像中最美的一尊，创作于公元前150年左右，1820年被发现于爱琴海的米罗岛，很快即被法国人买来。

雕像前，不同肤色的人们为能有机会一睹其风采而兴奋，或从不同的角度不停地拍照留念，或默默地、仔细地驻足仰望，希冀把女神的芳泽带回自己的家园。

在一层与二层楼梯前的平台上，独踞着萨摩屈拉克胜利女神的残雕，她张着双翅，身姿挺拔，衣裙的褶皱重叠出风的影子，仿佛被爱琴海的风吹得飘然而去，只可惜没有头颅，没有人知道她的模样。

经过萨摩屈拉克胜利女神向右拐，沿着13—18世纪的意大利绘画长廊，就到了艺术世界中最为人熟知的一张脸——蒙娜丽莎。

《蒙娜丽莎》被称作"卢浮宫皇后"，她被罩在一个透明的玻璃罩里，旁边站着警卫，周围是一圈圈各色头发的后脑勺，一片片闪光灯。

明亮而强烈的闪光灯聚焦成了一个舞台，台上这个神秘的女子披着黑纱，一笑千年。她家喻户晓，却神秘莫测，她站在水雾霭氛的湖山之前，微微一笑，无限亲切优雅，却又无限冷淡，忽而像一个清纯秀丽的少女，忽而像一个深谙世态炎凉的妇人……时光流转，她静静地站在卢浮宫一角，微笑着，就像当年站在达·芬奇的画布前。

她是谁？500年来，《蒙娜丽莎》现实生活中的原型一直是个谜。

达·芬奇的第一个传记作者、意大利人瓦萨里说，画像的原型是佛罗伦萨富翁弗朗西斯科·德尔·焦孔多德的妻子蒙娜丽莎；艺术史家们曾认为她的原型是佛罗伦萨的一位年轻女性，被称作乔康达夫人；还有人说她就是化了装的达·芬奇本人。

最近，德国著名的艺术史家马达伦娜·索斯特宣称找到了蒙娜丽莎那神秘微笑的真正主人：意大利著名交际花卡特利娜·斯福扎。卡特利娜·斯福扎出生于1462年，是米兰公爵加利佐·马利亚·斯福扎的私生女，后来成了福提和伊莫拉的女公爵。她是文艺复兴时期意大利的传奇人物。她曾和她第一任丈夫一起率军奇袭罗马最重要的要塞之一安吉落城堡，以图把他们推举的候选人送上教皇的宝座。斯福扎一共结过三次婚，有11个孩子和无数的追求者。1499年，她因谋害教皇亚历山大六世而被波吉亚家族推翻，并被监禁了一年，之后她在佛罗伦萨退隐，直至1509年在那里去世。

所有这些无法证实的猜测，非但不能消除人们心中的好奇和疑问，反而使得《蒙娜丽莎》成为绘画史上最大的谜。

有史以来，恐怕没有一幅画像《蒙娜丽莎》这样受到如此关注，经常被描述、被复制或临摹，引起那么多兴奋的甚至是谵妄的评论——直到它成为世界上最著名的油画。

没有人怀疑《蒙娜丽莎》的成功，可是这些传说只能让达·芬奇感到好笑，因为他只是简单地将这幅画留给了后世。

瓦莱里说："光荣就是围绕一个名字产生的所有误会。"——无论对画还是对人，或许都是如此。

如今，人们关心的不再是这幅画本身，而是画上的女人：有人计算过，在整幅画上，蒙娜丽莎的脸占了 199 平方厘米，右手占了 166 平方厘米；有人试图算出她的三围；她的姿势说明她正在怀孕；她那冷漠的微笑说明她有哮喘……对此，蒙娜丽莎恐怕没有微笑只有苦笑了。

走过厅厅相连、九曲回廊般的系列画廊，宛如走进了欧洲绘画发展的历史长河，我至今还难以忘怀自己在那些迷宫般的展厅中转来转去、目睹一件件珍品在眼前渐次出现时的那种激动与震撼。济慈说："美的事物是一种永恒的愉悦。"只有在这种时刻，人们才能真正领会这句广为传诵的诗句的含义。

卢浮宫给我印象最深的，是各个历史时期的雕塑作品。展馆雅致而宽敞，所有的雕塑都按恰当的间隔距离摆放，晶莹剔透的雕塑，色彩柔和的灯光，让人可以尽情欣赏，其中米开朗基罗的作品最为引人注目。

据说，如果游客在每一件展品前驻足一瞥，那么整个卢浮宫的参观将用时四个月。有人说，甚至连卢浮宫的工作人员都不清楚藏品的数量，匆匆的游客们更难看到这座博物馆的全貌，因为它的规模实在太庞大了。

从卢浮宫出来，外面已是华灯齐放。在柔和的米黄色灯光的照耀下，大小玻璃金字塔光彩夺目，仿佛是那些灿烂辉煌的文化艺术珍品，从古老的宫殿里散发出来的生命的光芒，辉映着人类历史文化长河的沧桑剧变，讲述着文明发展史上的离合悲欢。

无法用任何语言来形容夜幕下的卢浮宫广场，在这里我第一次感受到了真正的欧洲广场：美轮美奂的古典建筑林立在周围，各式各样的人群在身边熙熙攘攘走过，一切恍如梦境，却又是一种真真切切的感受。

遗憾的是，无论多么漂亮的照片都不能表达这种感动，因为真正的卢浮宫，只存在记忆里。

卢浮宫是经典的，也是前卫的。

14
白教堂与红磨坊

十月的雾又浓又触鼻，
有股说不出的巴黎味道，
到处都是咖啡馆……

——［法国］罗曼·罗兰：《约翰·克利斯朵夫》

城市的色彩，往往与所在国家的地理环境、文化环境和民俗风情有关。而更重要的，是人们在城市色彩的应用上，充分体现着自己的审美观点和文化修养。

初到巴黎，这个城市建筑的颜色会给人留下清晰而深刻的印象。

在老城区，古朴的灰白砖石墙与点缀其中的橘色显出这里的文化气氛，以至在埃菲尔铁塔上俯瞰整个巴黎，满眼几乎都是白色的，而新区拉·德芳斯的蓝色调则给人一种明快和亲切的感觉。

然而，如果在巴黎住久了，你反而会慢慢地失去分辨色彩的能力。你会发现，她既是五光十色的，又是光怪陆离的。她的色彩浸透在这个城市的每一个角落，每一刻光阴，每一张笑脸，直到你被她彻底迷惑，彻底陶醉，彻底征服。

雾霭沉沉的早晨，蒙马特高地宁静平和得仿佛是一座郊区小镇，弯曲的小径、石阶，空无人一。顺势而上，居高临下，就可以俯视整个巴黎城。

历史上，这里是全世界艺术家向往的天堂，卢梭、雷诺阿、高更等著名画家曾在此度过他们早年的艺术生涯，他们在这里流浪，过着自在而安逸的生活。还有一些人生的看客，无论世界上发生了什么，都安静地坐在那里，

071

◉蓝天、绿树，将圣心教堂衬托得更加圣洁美丽

看着人流，看着天空，想着心事。也许，这里孕育着作家、思想家、哲学家，他们最需要这样的自由空气。

今天，蒙马特区以往享有名气的传统仍然生生不息，许多街头画家依然在用铅笔为游客画像，构成了独特的景致。

在蒙马特高地的山丘之巅，矗立着著名的圣心大教堂。圣心大教堂又叫白教堂，它是迄今为止巴黎建造的最后一座教堂，1876 年动工，1919 年落成。教堂纯白色的大圆顶，被四个小圆顶簇拥着，具有罗马式与拜占庭式相结合的风格，颇有奥斯曼帝国时期的东方情调。远远望去，高高的圣心大教堂洁白壮观，气势非凡，与埃菲尔铁塔一起直上巴黎的云天。教堂周围是一大片绿色的树木和草坪，看上去极为舒心。在蓝天的映衬下，白教堂无比圣洁美丽。

从白教堂的山脚绕过几条狭窄拥挤的画廊街，就到了波卡尔——巴黎的红灯区，著名的"红磨坊"就在这里，它那红色霓虹灯风车是这里最具代表性的标志。

清晨，这里显得格外安静、萧条，所有建筑物的门窗都紧闭着，只有个别的霓虹灯在无精打采地闪烁着，丝毫感觉不到《红磨坊》电影里所表现出的那种澎湃激情。但是谁都知道，这仅仅是疯狂过后的休克、亢奋之后的昏厥，到了夜晚，这里又将是红男绿女们极乐的天堂。

巴黎，是世界公认的浪漫之都，是浪漫的完美化身。

在西方很多国家知识分子的眼里，巴黎的拉丁区、海明威去过的咖啡厅、拉雪兹神甫公墓、爱洛漪丝和阿贝拉的墓地，是世界上最浪漫的地方。

巴黎人让全世界的人都心生羡慕和嫉妒：他们生活在埃菲尔铁塔下、塞纳河边，他们有凯旋门、香榭丽舍大街，他们有看也看不完的卢浮宫……闲暇的时候，这个城市赐予给他们的，除了浪漫还是浪漫。

然而，浪漫的巴黎人并不满足，他们认为世界上还有一个更令他们向往的浪漫之地，那就是北京。当 2001 年 7 月 13 日，北京击败巴黎获得 2008 年奥运会主办权时，更多的巴黎人并不沮丧，而是同样为北京欢呼。骄傲的巴黎人认为，在这个世界上，只有北京堪与巴黎相媲美。一位到过中国的法国学者认为，巴黎与北京的神似胜过形似，巴黎人之于北京人，就像纽约人之于上海人——纽约、上海有经济奇迹，巴黎、北京则有深厚的文化底蕴。

这个说法十分有趣。在国内，一直有说不清的"京派"与"海派"之争；对世界大多数人来说，法、美的分野特别是价值观上的分歧也是显而易见的。虽然，有些时候这样的对比很难说得十分明白，但这么说却很形象。

美国著名城市规划学家 Eero Saarinen 说："城市是一本打开的书，从中可以看到它的抱负"，"让我看看你的城市，我就能说出这个城市居民在文化上追求的是什么"。在他眼里，北京的性格是历史、文化，是现代、大度，是包容、闲散；"如果所有哪一个城市，由于深厚的历史原因，本身即拥有一种精神品质，能施加无形然而重大的影响于居民、一度居住以至于过往的人们的，这就是北京"。

从北京到巴黎，在迥然不同的形式后面，是同样优美讲究、字正腔圆的音调，同样绵长雅致、写意空灵的文化，同样浓郁重彩、慵懒倜傥的风情……于是，相看两不厌，她们在文化上互相欣赏，而这种相互欣赏本身就是一种浪漫。

巴黎人与北京人的神似之处，在到过这两个城市的人看来，印象最深的，恐怕要算是喜欢情调、喜欢闲适、喜欢神聊了。这种精神气质，表现在她们每年举办的数以百计的各种文化活动上，表现在她们的戏剧与音乐中，表现在她们的咖啡馆、茶馆文化中……

巴黎的咖啡馆是世界的浪漫传奇之地，充满了文人雅士的风流韵事和隽永的历史典故。

自从公元 6 世纪那个牧羊人发现了咖啡果，这种似苦非苦的饮品就很快从土耳其传到了欧洲，并诞生了历史上最早的咖啡馆，彻底将骄傲的欧洲人征服，而人类的生活从此也变得丰富多彩起来。所以咖啡馆的历史越悠久，咖啡似乎就越香醇，故事也就越迷人。

巴黎的咖啡馆更是独一无二，大多数到过巴黎的游人都知道这一点，所以，他们一想到在咖啡馆拥挤的座位中享受一两个小时，喝上一小杯浓情咖啡，来一个羊角面包，漫不经心地观察周围的一切，就会露出愉悦而心满意足的神色。

你可以不了解咖啡，不喜欢咖啡，不去咖啡馆，但你却无法否认它的力量。对于大部分巴黎人来说，咖啡馆不仅是喝咖啡的地方，更是摆脱琐碎心绪的避难所。哈贝马斯曾经就以巴黎的咖啡馆文化来佐证其公共空间理论——"咖啡馆形成的舆论可以影响社会"。

在咖啡馆里打发休闲时光，在巴黎已经持续几个世纪。

每个咖啡馆都有自己固定的支持者，通常他们都会在固定的时间里拿着报纸来这里小啜一杯，消磨掉几个小时的光阴。

坐在烟雾缭绕的咖啡屋，品味着可口的茴香酒，头发蓬松的老式哲学家的形象，也是随处可见。特别是圣日尔曼·德普雷教堂附近的几家咖啡馆，是知识分子和艺术家经常出入的场所，伏尔泰、卢梭、乔治·桑、巴尔扎克还有雨果，都曾光顾这些地方——咖啡馆是天才迸发思想火花的地方，在这里他们灵魂中最深处的东西被触动和激发——咖啡是一种媒介，它能让世界变小，让理解加速。

弗洛尔咖啡馆和双猴咖啡馆则于20世纪50年代声名鹊起，成为萨特、波伏瓦、加缪以及战后一代哲学家和诗人喜爱的地方。他们不但在这里交流，还在这里写作，实际上许多名著就是在咖啡馆里写就的。

身居闹市而自辟宁静，固守自我而品尝尘嚣，无异众生而回归一己，保持高贵而融入人潮——"小隐隐于朝，大隐隐于市"——萨特们做得到，中国的文人却说得到做不到。

在塞纳河畔，还有"左岸"、"花神"——被波伏娃称作"我们存在主义的咖啡馆"，它们让我想起了北京什刹海的"左岸"与西黄城根的"花神"……一个城市待久了想离开，一种口味吃久了会厌倦，可是咖啡，喝惯了会上瘾。

巴黎街头的咖啡馆，室外的座位总是比室内更诱人，因为巴黎的街景更诱人。

一个人喝咖啡，并不仅仅是因为寂寞，而是咖啡能提供一个空间独享、一种方式独处。

在这里，用10个法郎，就能享用一杯浓郁长久的黑咖啡，一边看着夕阳西下，欣赏晚霞在埃菲尔铁塔上涂抹黄昏，一边尽情放飞无限荡漾的心情，让风吹着，让太阳暖着，直到晒干整个下午的太阳……

伏尔泰说过，欢乐与自由是一对不可分离的姐妹。正是在巴黎人身上，我看到了欢乐与自由的完美结合。

所以，只有亲自体验了咖啡生活，才可以不无骄傲地宣称领略了巴黎传统的精髓。在这一刻，我的内心只有一个念头：巴黎的咖啡，一杯足够了；人生到此，足够了。

巴黎瑞兹酒店，是巴黎最豪华的酒店之一。18世纪时期，这里曾经是一处私人住所，1898年，凯撒·瑞兹决定在巴黎的心脏地带建造一座豪华的宫殿。100年逝去，瑞兹酒店已经形成了富有神秘色彩的招牌与名声，成为世界名流汇集的高尚地方，威尔士亲王、瑞典、西班牙、葡萄牙国王都曾在瑞兹酒店入住或就餐。

这里还是好莱坞明星们的最爱，赫本、嘉宝、泰勒、霍夫曼以及莎朗·斯通、麦当娜、施瓦辛格等都曾出现过这里。

瑞兹酒店总是与一长串名人联系在一起：普鲁斯特喜欢在这里就餐，并从中获得写作的灵感；英王爱德华八世改名换姓与辛普森夫人住进这里，酒店从此将他们住过的套房命名为"温莎公爵"作为纪念；海明威将这里的酒窖作为自己的"司令部"，他经常慨叹，"每当我梦见死后在天堂的生活时，梦中的场景总是发生在瑞兹酒店"。后来，这里就出现了一个名为"海明威"的酒吧……

1997年8月夏秋之交的某一天，英国王妃戴安娜在这里悄然入住，准备第二天召开新闻发布会，宣布与男友多迪·法耶德——瑞兹酒店主人的儿子——的订婚消息。当晚，他们从这里出发准备去巴黎近郊的别墅，途中在塞纳河边的一个隧道里遇车祸，双双命丧巴黎。

据法国媒体披露，戴安娜王妃是英国王室和英国政府联手谋杀的，目的不言而喻——为了捍卫英国皇室乃至大英帝国早已不复存在的所谓的尊严。

有意思的是，在戴安娜王妃出车祸的地点，这样一个在英国人眼里本应庄严肃穆的地方，如今却被什么也不在乎的法国人弄成了一个旅游景点，还美其名曰"戴安娜王妃车祸遇难纪念地"，借以吸引游客。

英国资产阶级革命早法国大革命将近150年，但英国还是贵族的天下，而法国早已成为平民狂欢的乐园。

巴黎是世界上最适合人类居住的城市之一，但让唯恐别人认为我们自己穷酸的中国人诧异的是，巴黎人好像比我们还穷酸。

感受老欧洲

在巴黎街头，满大街看上去似乎都是"穷人"——人们衣着俭朴、随意，反倒让西装革履的人物显得有点不伦不类。本人一向被认为穿着很不讲究，但在这里，看上去依然要比法国人"有钱"。

在大学区，更是遍地"穷学生"，根本看不到中国校园里那种衣着光鲜、佩戴讲究、呼机、手机、商务通一个都不少的阔少爷富小姐们。他们的衣服看上去都旧得一塌糊涂，恐怕中国贫困家庭里那些依靠贷款、助学金上学的大学生们也不会如此打扮，甚至比 20 世纪 80 年代末我们那一代大学生的形象还要差。但是，他们却个个红光满面，朝气蓬勃，精神抖擞，洋溢着青春的、健康的气息，不像我们那样无精打采，神情紧张。就像巴黎人从来不曾装潢过的老房子，几百年一直住下来，依然有滋有味，窗明几净。

创造时尚，永远是巴黎领先世界的旗帜；对奇异包容，才有了现在巴黎的欣欣向荣。

巴黎从不自我标榜什么风格，却永远是那么自信与从容。常在巴黎街头闲逛的人，没有人会把每一次美好的记忆忘掉，因为这样的记忆会始终留在原来的地方——巴黎始终沉着坚定地保持着她固有的气质，如此，人们才如此坚定地爱着巴黎。

反观国内的许多城市，十分热衷于大搞特搞这个工程那个工程，或干脆叫喊要建设"东方巴黎"、"东方威尼斯"、"中国曼哈顿"，结果呢，好大喜功的结局只能是留下一个个不伦不类的畸形儿。

最典型的，是我在中国南方最发达地区目睹过的情景：当汽车从繁华的大都市驶出，穿过那些"新兴城市"时，公路两旁的景象都是千篇一律的建筑模式，一排排密密麻麻的"别墅"毫无生机、单调乏味地矗立在那里，根本见不到应有的绿色与祥和。

世界上很难找到像巴黎这样的城市，古典高雅的韵味与现代时尚的潮流如此完美地融为一体，伟大与神圣，财富与权力，传统与热烈，机智与随便，相辅相成，相得益彰。

充满矛盾的巴黎总是给人意想不到的景象：她既紧凑，又宽敞；随着空间与时间的变换，你会交替看到她的自大与谦卑、宁静与喧嚣、低廉与昂贵、柔媚与狂躁。

然而，就如巴尔扎克所说："巴黎如同大海，你可以试图去探测她的深度，但是你永远不可能知道她究竟有多深。"而雨果则断言："探究巴黎深度的人都会晕眩，没有任何事物像巴黎那样如此奇妙，如此悲壮，又如此绚丽。"

　　虽然不可能在巴黎永久地待下去，对她的见识也只不过是惊鸿一瞥，但她所拥有的经典与浪漫，却无论如何令人难以忘怀，仿佛刻成了永不褪色的记忆光盘，铭记在心。

　　从时间上讲，这一刻并不长；从感觉上讲，这一刻将永远包裹着我……

15
第戎酱

在小酒馆吃饭时的自由自在，
解放了我的心灵，
给我以大胆思考的勇气……

——[法国]让·雅克·卢梭:《忏悔录》

这一次从北到南，乘车贯穿法国大陆，尽情地领略了法兰西大地的无限风光，奢侈地享受了异域乡村幽思的一刻。

远离巴黎的尘嚣不到一个小时，宁静而又生机勃勃的勃艮第乡村风情就展现得淋漓尽致。

山丘在午后热气的蒸腾下变得模糊起来，挺拔的树木立于小河岸旁，齐刷刷地从车窗外掠过。

河水宁静而舒缓，阳光轻而易举地直射到浅浅的河底，舒适的乡村房舍就恰如其分地建在这风景如画的场景之上。

在青山绿树的掩映中，阡陌纵横的田野间乡村小镇若隐若现，怡人心扉的绿野，时时诱惑你驶离高速公路去漫步乡间小路，沉浸到法兰西乡村宁静、浪漫的氛围之中。

每一座小镇都可见教堂的尖顶，与世无争地矗立着，带领着周围那些赭红色围墙的房屋在河谷的倒影中潜行，保留着一份历史赋予的魅力。

这里简直就是世外桃源，法国的乡村才是真正的法国。

就在这一片毫不张扬却闪烁着古老光荣的土地上，罗讷河曲折蜿蜒，冲出宁静的山谷，流向远方。

一条伟大河流的使命是塑造一种文明的风骨，尼罗河之于埃及、恒河之于印度以及黄河之于华夏文明，莫不如此。

而法兰西文化虽然极盛于以巴黎为中心的塞纳河畔，但其血统——古高卢文化——却是循着这条丰饶的河流——罗讷河，并由地中海沿岸逶迤北上而渐次成就的，因此，罗讷河被称为法兰西的父亲河。

罗讷河水曾经倒映的一张张历史面孔已经随着时间而消逝，但它一如既往，无比沉静地在普罗旺斯大地上流淌着……

海德格尔曾经非常喜欢坐在这里的山岩上，长久不动，远远眺望。"在这里，斜坡上的橄榄树的枝权从我们面前直拖到平地上。在广阔平原的一望无际的远方，罗讷河的激流在流淌。……神秘山脉偃卧于我们的背后，谁要是找到了去那里的路，谁就是众神的客人。"而每次他回到住所，主人都送给哲学家大把的花卉：花园里的薰衣草和鼠尾草、百里香和其他植物，外加橄榄油和蜂蜜……

法国公路网的最大特点，就是路标指示极为清晰明确，道路两旁一个接一个的路牌，向司机提示着附近的旅馆、饭店、教堂、游泳池、网球场，不厌其烦。这是因为，法国人认为要想到达目的地，必须使旅途充满希望。

汽车行驶在欧洲 411 号高速公路上，标有波浪状图形、下写"Med Sea"字样的指示牌不时跃入眼帘，一辆辆快速行驶的房车也呼啸而过，有的车顶上还牢牢地架着一辆自行车！从这里一直向南行驶，将直通旅游者的天堂——"Med Sea"（地中海）。

而在乡间小路上，不时还能看到像自行车一样精瘦的人们，逍遥自在地骑行于起伏不平的山地之间，让人不禁想起环法自行车大赛一年一度的壮观场面。

车过里昂，瞬间让我想起了中学历史教科书上讲述的"里昂工人大罢工"，此时此刻，里昂的工人阶级兄弟们又在做什么呢？里昂是法国第三大城市，悠久的历史同样令人目眩神驰。古罗马时期，这里曾是整个高卢地区的首府，而那时的巴黎还只是一个名叫"吕苔斯"的小小渔村。

遗憾的是时间有限，还须赶路，只能随着起伏的高速公路向英雄的里昂行注目礼了。

天色渐晚，抵达了第戎省首府第戎市。

第戎位于巴黎东南，南北与里昂和马赛贯通，曾为 14—15 世纪勃艮第数

⊙古老的痕迹无处不在

代公爵领地的首邑，是北欧国家与地中海沿岸国家往来的必经之地，也是建筑上北方尖的石板屋顶风格和南方红色圆形罗马瓷砖风格的交会处，象征着两种建筑风格的过渡与转变。

汽车驶进这座小城，首先让人感受到的，是这里的静谧与古朴。

光线已经变得柔和，四周静悄悄的，低矮的房子与我们的汽车擦肩而过，没有人声鼎沸，没有汽车轰鸣，空气仿佛静止了一般。

一切事物都处于心醉神迷的状态，甚至流水也像是睡熟了。和国内城市的喧嚣截然不同，这里是静谧的狂欢。

从上城到下城，从城市的整体布局，到每个建筑的独特风格，第戎无不显露出中世纪欧洲古城的韵味。曲折弯狭的街道，壮丽而完美无缺的城墙和高塔，木造的老式住宅与石头古堡，教堂里飘出优美的女声合唱……

这里有一种奇特的、不属于尘世的宁静与孤芳自赏。石板路旁的庭院甚至安静到仿佛没有人居住的痕迹，从鹅卵石铺就的传统纹样的门前小路到庭院的围墙、绿篱，从摆满鲜花的窗台上飘起的白色纱幔到一尘不染的房脊，都让人觉得这是一个温暖洁净的世界。

这里曾是神秘主义者的乐园，在 15 世纪，这里盛行一种"现代虔信"的敬神运动，居民们过着一种朴素的和有规律的生活。"在所有睡眠以外的时间，都依照规定的时间表进行祭祀、劳动、读书和布道，大家在一起就餐，就餐时选读《圣经》的片段。"（《剑桥世界近代史》第 1 卷）

空气里充满了美食的飘香，街边的食摊围满了旅游者和当地快乐的男女老少，看不出谁是货物的主人——法国人就是这样随意，连生意都做得犹如游戏一般。

第戎，是这些天来所见到的最原汁原味的欧洲古城。古老的街道弥漫着纯真的气息，淳朴的人民循环着永恒的年轮更替，汇聚成亘古的生命之河。人们安居乐业，宽厚祥和，整个城市生活犹如一幅中世纪的油画，时间仿佛也在这里凝固了一样——这真应了美国作家菲茨杰拉德的那句话："上帝诅咒欧洲。它现在能使人们感兴趣的就只剩下可被当作古物研究的东西了。"

文明的痕迹在这里无处不在。1750 年，几近穷困潦倒的卢梭以《论科学与艺术》的论文，在第戎科学院提出的以"科学与艺术的复兴是否有助于淳化社会道德？"为论题的征文比赛中获奖，从此开始了他控诉现代文明的伟大征程；五年之后，卢梭发表了题为《论人类不平等的起源和基础》的第二篇论文，掷地有声地回答了第戎科学院提出的又一个问题："人间不平等的起源是什么？"卢梭通过其天才的文笔横扫了理性的 18 世纪，把它驱赶进了新的、无底的汪洋之中，汹涌的波涛淹没了理性的干旱土地，人类跟着他跨越了"启蒙运动"，迎来了欧洲思想史上的一个新时代的曙光。

可以说，没有第戎科学院这个舞台，没有"先辈们"的慧眼和栽培，就不会有日后的卢梭。而第戎，并没有因此而张扬和渲染，始终是那么平淡和含蓄。这也是第戎给我最深厚的感受——一个自信的民族用不着自我炫耀，一个自信的城市用不着自我吹嘘；那些经常将可怜的"独一无二"挂在嘴边的，恰恰是极度自卑的表现。

可笑的是，许多国人往往热衷于挖掘和攀比家乡的地域性"优势"，生怕别人瞧不起，而对身边的"丑陋"和"劣根"却往往视若不见，甚至能够"化腐朽为神奇"，无聊地进行狡辩。如果对照弗洛伊德的心理分析学说进行分析，就会发现这种现象的"心理原因"，除了自卑和虚荣，就是浅薄和无知。

在经济技术层面，法国可谓发达、现代，在日常生活方面，法国人可谓浪漫、超前。然而，在如此发达、浪漫的国度，我们何以能品到八九百年前城市的正宗韵味呢？

答案只有一个，那就是法兰西民族始终保持了她所特有的崇尚文化的气质和自信。

法国人以他们特有的浪漫和对传统文化的推崇，在喧嚣纷繁的世界里完好地保存了无数的遗产和古迹，并使之成为鼓舞国人士气、承继传统、保持民族特性的鲜活教材，支撑着戴高乐曾说过的"法国的某些想法"。

这是一座寂静的城市。蜿蜒而狭窄的街道幽幽静静，古色古香，灰色砖石建筑的古教堂偏处一隅，透着几分神秘，几分沧桑。似乎每一家旅店的老板都不刻意地招徕生意，"如果你觉得贵可以试试别处"。他们只是耸耸肩，露出诡秘的笑容。

第戎晚上的景观和氛围同样是令人难忘的，迎着微风在寂静的街道间漫步，几百年间也未曾改造过的石板铺就的道路，使你想快也快不起来，却正好可以悠然地欣赏曲径通幽的妙处和摆放着精致商品的漂亮的商店橱窗——所有这些本身就是一种美丽。

第戎美食素来享有盛名，蜗牛、葡萄酒还有芥末酱，是第戎给游客的第一味觉冲击。

勃艮第人对食品近乎宗教般的狂热由来已久，为证明这个地区高超的烹饪技艺是与生俱来的，他们会指着陈列于第戎考古博物馆的中世纪厨房中的题词，讲述他们公爵的故事：厨房是如何宽敞，一日三餐都是如何在近乎宗教仪式的气氛中进行，膳食是被手持火烛送到公爵的餐桌上。他们甚至还会暗示出面包与酒在天主教圣典中所含有的特殊意义。

第戎厨房有两大特色——芥末与香料蜜糖面包，它们都有很长的历史。用芥末做成的芥末酱，味道非常柔和，可以蘸着任何食品，不像我们在国内通常吃的芥末那样呛人，而用芥末做成的腰子、火腿等，可以自由地蘸着红葡萄酒吃，更是第戎独具特色的菜肴。

该地出产的一些最有名的奶酪也是同样历史悠久。法国人爱吃奶酪世界第一，一日三餐都离不开它，法国人对奶酪就如北京人对豆汁、山东人对煎饼大葱那样一往情深。奶酪是一种奶制品，是将鲜奶沥干水分，撒上盐，晒成乳块而成的一种凝乳。奶酪最常见的吃法是切成小片，在餐后与甜点之间品尝，在菜肴中作为配料也很常见。这次在法国期间，吃到哪里都少不了这种酸中带甜、甜中有酸的法国玩意儿，味道与国内出产的奶片一类的奶制品确有不同。

法国奶酪无论在品种还是质量上，都胜其他国家一筹。目前，法国有名有姓的在政府注册的奶酪就达 365 种之多，一天吃一种竟需要一年时间！

一路奔波，早已是饥肠辘辘，可是这里的人们却严格遵守着传统的就餐时间，过了饭点餐馆就闭门谢客了。在一个以热衷于烹饪而闻名的城市里，错过一顿饭，可是不小的损失。对我来说，也只能将品尝第戎酱的口福留待明天了。

好在第戎街头的中餐馆随处而立，夜晚依旧宾客盈门，花灯灿灿，令那些出门在外的中国人有一种如沐春风的感觉。在一个名字叫做"鸿运"的中餐馆，我们停顿了下来。

餐馆不大，里外两间屋子，外屋摆着干干净净的小桌，是客人就餐的地方。里屋是厨房，旁边还有一个卫生间。餐馆的主人是一对儿华人夫妇，均来自内蒙古，外加一个厨师，就这么简单。男的在外做生意，女的则是既当老板又当招待，中午、晚上招待客人，上午、下午帮助厨师准备，一天到晚，闲不下来，也忙不到哪里去。

当年，小两口儿从国内出来，男的学电脑，找工作不难，女的学的虽是法语，可到了法国就跟什么都没学一样，没有什么活可干。后来看到中餐馆非常红火，就租了一间当地人的杂货店，简单地装饰一下，再在门前挂上两个中国的大红灯笼，餐馆就开张了。

当初女的只想找点事情做，亲自下厨，没指望能赚钱。可是小餐馆却越开越红火，天天顾客盈门，女的一个人忙不过来，就又从老家招来了一个直系亲戚，专门炒菜做饭。如今，男的不出远门的时候，也帮着买菜做招待，小生意做得有声有色，深得附近人们的称赞。

法国到底有多少中餐馆？到底有多少华人在从事中餐业？谁也说不清楚。

在富庶的法国，华人毕竟是一群边缘人。他们的种种际遇，在异国他乡谈起来，既让人觉得新鲜，同时也容易让人产生同情。而在国内，有人羡慕，不以为然的也大有人在。

外面的世界很精彩，无家的心情很无奈，漂泊的灵魂，何处是故乡？这是海外华人心境的普遍写照。

16
蔚蓝海岸

当汽车在急速的行驶中不经意地就把地中海送入眼帘,车上所有的人都惊喜地欢呼了起来,一路上的旅途劳顿顷刻间烟消云散。

地中海,意即陆地之间的海。她依偎在亚欧和非洲两块大陆的臂弯里,通过博斯普鲁斯海峡北接内陆的黑海,西边通向大西洋的地方被直布罗陀海峡锁住,而东部经苏伊士运河、红海才连通印度洋,因此印度洋的惊涛骇浪和大西洋的冷艳汹涌丝毫没有改变地中海的静谧和优雅。

在中学地理课本里,"地中海式气候"是独特的——由于地处北半球中纬度的北温带地区,海洋面积又比同类型的黑海、里海大,所以她将最为宜人的地中海式气候赠与她的沿岸国家——附带而来的,就是那种浪漫优雅的气质。

地中海及其周围地区诞生并发展起来的人类文明,是西方文明的核心与源泉,地中海上的航行,曾经是各个民族之间思想、艺术和文化交流的载体。

地中海的历史,又可以说是一部帝国的历史,从最早成为地中海的主宰的克里特人,到后来的迈锡尼人、古希腊人、腓尼基人、古罗马人、拜占庭人、阿拉伯人、土耳其人,每一个民族的登台亮相都将地中海作为施展才华武艺的演练场,随之而来的,此消彼长的周边国家在不同时期就成为各个帝国版图中的一部分，而地中海也从一个国际性的海洋变成了各帝国版图中的内陆海。

如今，各个时期的文化在各国土地上依然呈现着昔日的辉煌。

据西班牙马德里大学地质学家拉蒙·卡波特研究，"现在非洲大陆正在伸向欧洲大陆的底部，这一进程最终将导致非洲与欧洲大陆的撞击。欧洲南部将形成类似于喜马拉雅山的高大山脉，希腊群岛也可能变成绵延的山脉，而地中海，则将消失"。

不知这样的前景是否真的会成为现实，何时成为现实。即便如此，今天的人们依然要感谢这样的变迁，正是这样的变迁创造了地中海，制造了数不胜数的美妙景观，使这一地区成为最适宜人类居住的理想家园。

地中海堪称世界上最美的海洋，她有着与众不同的、充满诱惑力的蔚蓝风景。

这是一片纯净得没有一丝杂色的蓝色海域，天边飘浮的朵朵白云，像是一座座岛屿，充分印证着"水天相连"的含义。

在这片海岸线上，散落着几千年来历史文明的痕迹和令人流连的美景，她本身的阳光、海水、沙滩，将这里变成了旅游者的天堂。

地中海是浪漫主义的海，尼采称之为"最人性化的海"。她的魅力无穷无尽。

而这一切，正离我们越来越近。

英国诗人库柏说："上帝创造了乡村，人类创造了城市。"在疯狂前进的工业经济、信息经济面前，在急剧膨胀的城市中间，蜷缩在钢筋水泥丛林之中，用工业文明、商业规则全副武装的人类常常会被突然袭来的宿命击中。酒吧里的迷醉、迪厅里的狂欢、网络上的游走，都不能代替灵魂与上帝的对话，不能代替人类与自然的交流，不能代替现实世界中一个人所能带给另一个人的亲切、温暖和抚慰。自从被上帝放逐，人类的灵魂无时不感到孤独，无时不在追求大地和天空的慰藉。

所以，每年盛夏时节，巨大的旅游车队都潮涌般挤在通往地中海的高速公路上，那些从阿姆斯特丹以北下来的北方壮汉，一路上悠闲地开着房车，一边喝着咖啡，一边随着地势的起伏手舞足蹈，而一进入法国，欢呼之声就开始不绝于耳。每辆车的车顶都架着自行车，一辆辆组成了独特的运输车队，背景则是普罗旺斯风吹日晒的山间高原、河流峡谷，还有长满薰衣草的台地。

丰美的田园沃野，是普罗旺斯最诱人的风景，每年夏季的紫色花海，都是明信片、艺术风景与烂漫电影的经典取景。自从罗马军团沿罗讷河北上高卢以来，富饶的丘陵河谷地区便成为法国历史最为悠久的葡萄酒乡。

　　这里还是世界著名的薰衣草产地，每到夏秋季节，山坡与平原化为紫色花海，一大片一大片紫色的薰衣草铺盖在斜坡上，如波浪般起伏不休，为大地彩绘出广阔壮丽、美轮美奂的景色，成为爱花人士的旅游首选。

　　在秋风中摇曳的漫坡野草，俯望着整个罗讷河谷与错落其间的村镇，乡村教堂的钟声上千年来回响在普罗旺斯的大地上，与四时兴衰的草木一起，构成了法国南部特有的浪漫传统。

　　空气中弥漫着特殊的幽香，吸引着蜂拥而来的国内外游客，深深地震撼着每一个追求浪漫的人。莫泊桑说："你可以在这里发现大自然创造的、一切诱惑你双眼的美景。"

　　法国人是名副其实的假期创造者，因为他们发现了假期生活的真相所在——放弃一切，才能拥有一切。

　　法国人有为数不少的假日，要是运气好的话——这些假日适逢星期二或者星期四，又使他们能把星期一和星期五也作为假日——从而产生一个延长的周末，类似我们所谓的"搭桥"或"黄金周"。

　　每到这时，市区就成了空城，公路上塞满了车辆，人们纷纷外出，或是去自己的郊外别墅，或是去拜访那些至今还过着"农村生活"的亲戚们。在普罗旺斯，在地中海沿岸，到处都能看到法国人漂亮的"流动的家"——房车与帐篷——自行车、休闲用品、食品都搬了出来，享受法国式的娱乐。

　　普罗旺斯最能体现法国人民的特点：心胸开朗、悠闲而充满生活情趣。

　　这里充满了欢乐、美酒和热情的微笑，街道是人们社交和聊天的场所，房屋和庭院都自由地袒露在阳光和空气中……热情的普罗旺斯人民目睹了几千年来文明的演进，虽然秉性不愿受任何约束，但还是意识到接受意大利、西班牙和阿拉伯世界影响所带来的益处。

　　波澜壮阔的历史篇章在这一地区到处都留下了痕迹，从卡马尔格的沼泽地到阿尔卑斯山麓，普罗旺斯大部分地区都是肥沃的土地，勤劳开朗的人民创造着丰富多彩的文化与生活。

　　沿着地中海的西南海岸，海岸线向东南延伸，以尼斯为中心，西起戛纳，东至摩纳哥、蒙特卡洛，一系列耀眼的名字连起来像一串闪亮的珍珠项链，这就是"蔚蓝海岸"——世界闻名的度假胜地。

　　地中海沿岸，海水含盐量较高，风平浪静，海水异常清澈。如果说北海的蓝是绿松石一样的蓝，那么地中海的蓝就是钻蓝，一种更深沉、更浓郁的蓝。

　　这里一年四季阳光灿烂，和风煦煦，树绿花鲜，处处洋溢着大自然的温馨。这些地方无尽的乐趣不仅包括阳光和沙滩，还有宏伟的现代艺术博物馆和中世纪建筑，芬芳的香水和奇异的花园，世界级的游艇、赌场、电影节和爵士音乐节。

保罗·塞尚对这里情有独钟，"微风是令人心醉的甜蜜，太阳早已温暖着大地，空气依然干爽，一切就像是葡萄酒的味道。到处是蜂蜜、百里香、薰衣草还有附近山坡上所有草木的芬芳"。

红色的岸边岩石，衬托在蓝天碧水之间，楚楚动人。一片片融融的沙滩分布在礁石点缀的海湾之间，

◉ 蔚蓝色的地中海，白帆点点

舒展地伸向大海，享受着大海多情的轻吻。

每到夏季，浴场上五彩缤纷的阳伞、躺椅和游人们各式鲜艳的泳衣，堪与岸上大自然的鲜花争奇斗艳，到处弥漫着快乐的气氛。

岸上诸多的别墅掩映在热带树木的浓荫下，豪华宾馆、夜生活场所、赌场和舞厅星罗棋布。

不同肤色、不同信仰的人都会被这里的热情所融化，酒吧、咖啡厅彻夜不息，啤酒、美景加上曼妙的音乐，酒不醉人人自醉。

以举办国际电影节闻名的夏纳如此，位于这段海岸东端的摩纳哥公国亦然，形成一条吸引无数游客蜂拥而来的黄金旅游线。

这里还是浪漫情侣的朝圣之地。在蔚蓝海岸之旅中放松心情，呼吸充满阳光、向日葵味道的地中海气息，留下的将是终生难忘的浪漫回忆。

试想，当一个阳光明媚的午后，两个人依偎着坐在海边的露天咖啡座，看着来来往往的人流，再啜下一口滚烫、浓烈的咖啡，一种对于生活的满足感就会油然而生。

待到夕阳将片片绿色的树影洒在咖啡桌上，慵懒的海风提醒你已是饥肠辘辘，不得不离去，结账时才会意识到这种满足感的代价。

然而，第二天你仍会鬼使神差般地来到这里——这就是蔚蓝海岸的魔力。

欣赏地中海奇妙的美丽，不必通过艺术家的眼睛，虽然他们很多人被这里的奇光异彩激发出无限灵感，但无论是毕加索的少女和海胆，还是马蒂斯的尼斯的阳台风景以及迪菲的蓝色大海中的白色三角帆，都已成为明日黄花。

波德莱尔说，当你的目光消失在浩瀚的大海和广阔的天宇之中时，你可以饱享孤独、宁静，欣赏蓝天、大海不可比拟的贞洁。

这里，对每一个人来说，每一天都风情万种。

地中海人的观念是，在太阳充分照射的地带长大的人，知道自己的局限，也知道物质的尺度。在北欧人的眼里，地中海人热情奔放，说话滔滔不绝，但似乎缺乏克制力，缺乏客观性。然而地中海的文人则确信，他们是古典主义的继承者，他们是与大自然一起被造就出来的。

加缪，就是在这里找到了他心目中地中海的象征：富有传奇色彩的古罗马建筑遗址与近在咫尺的大海、周围茂密的草木形成了鲜明的对照。他在那首题为《地中海》的诗中，更是尽他所能用的语言表达了对地中海的感想：

地中海！一个适宜于我们的世界。

……

新年在金色、蓝色的摇篮里摆动。

……

在你身上，人们通情达理，更加文明。

……

地中海，哦！一望无垠的地中海！

你的儿子孤单地裸露着身子，毫无秘密，在等待着死亡。

他们死后纯净地、最终纯净地归还于你。

加缪，可以说是地中海的儿子，他的情感更多是一种根深蒂固的寄托。

而对于我这样一个匆匆的过客来讲，这里简直就是一个不可思议的明媚世界：黑柏木陶醉在湛蓝天空中的微风里，空气中弥漫着醉人的松树和薰衣草的芬芳……而此时，远方积雪的阿尔卑斯山在晚霞的辉映下，发出了无声的召唤：赶快在这里下车吧，枕着地中海的波涛，听着柔美的小夜曲，入梦。

17
马赛钟声

海船迅猛向前，
劈开一条暗蓝色的水道，
浪花唰唰地飞溅，
唱着轰响的歌。

——[古希腊]荷马：《伊里亚特》

　　黄昏时分，当汽车带着一路上的芬芳从高速公路上下来，首先映入眼帘的，是横卧在碧蓝海湾中的码头和数十里长的防波堤，马赛到了。

　　从中央高原来到地中海沿岸，地势明显降低，汽车向前行驶，就像奔着大海冲过去一样，碧蓝色的海水仿佛一下子倾斜过来，这种突如其来的感受，超出以往所有的体验。海风在车窗外呼呼作响，高大的棕榈树刷刷掠过，天海相连，澄净、透明。

　　如果说碧蓝的海洋是天神的恩赐，那么曾经在这座城市驻留的文明则让人们进入一个时空交错的隧道。

　　公元前 6 世纪，古典文明就把自己深邃的目光投向这里，希腊商人建立了繁荣的马赛港，地中海沿岸随之也被极大地希腊化。公元前 121 年，罗马元老院在这个地区建立了保护国，并将其影响扩张到普罗旺斯一带，马赛被并入罗马版图。

　　马赛可以说是法国历史最悠久的城市，地中海的门户之城。1792 年当法国大革命最为危难的时刻，马赛人高唱《莱茵军战歌》，北溯罗讷河谷进军巴

◉ 桅杆林立的维约港

黎，激昂的歌声鼓舞着人们为自由而战。这首歌很快就流传开来，被巴黎人称为"巴黎赞歌"，1795 年 7 月 14 日，《莱茵军战歌》被定名为《马赛曲》，从此成为法国的国歌。

如今的马赛是一座充满活力、各种特色融合的城市。

她背靠阿尔卑斯山余脉，面向地中海，宏伟而绮丽。现代都市的繁忙景象与"衰败"的昔日美好时代的结合，散发出迷人的魅力。

古老的城堡俯瞰着穿梭交织的中世纪街道，仍未失去昔日光泽的老城保留着一份神秘的吸引力。城区内一片片白色的建筑，如珠堆玉砌，又像灵性十足的海鸥，镶嵌在蓝色的大海边。

马赛老港维约港历史悠久，今日依然桅杆林立，热闹非凡，绝对配得上这里最著名的一道菜——浓味鱼肉汤——用鲈鱼、红鲱鱼、龙虾、海蟹以及其他壳类海产品，以藏红花为调料，放在一起精心烹饪而成，味道极其鲜美。

伊夫岛上的伊夫堡，是马赛著名的名胜古迹。它是法兰西斯一世于 16 世纪建造的，作为囚禁罪犯的国家监狱。著名的法国作家大仲马的小说《基督山恩仇记》，就是以伊夫堡为背景创作的。

随着小说的广泛流传，故事被搬上舞台和银幕，伊夫堡也成了举世闻名的神秘古堡。所以登上伊夫堡，看一看基督山伯爵被囚禁的地方，就成为每一个来访者的愿望。出于保护文物古迹的需要，伊夫岛如今并不是常年开放，因此也并不是每一个来访者都能够幸运地登上伊夫岛。

远远望去，伊夫岛一片沉寂，在落日余晖的衬托下，略显苍凉，一群不知名的海鸟在它的上空不知疲倦地盘旋着，似乎在为基督山伯爵守护着最后一片领地。

当年基督山伯爵被囚禁的房间，狭窄、昏暗，似乎只能容纳从向海的窗户透过来的一缕光亮。岁月流逝，谁知道差点困死在伊夫岛上的基督山伯爵，是否依旧在用那一双冷眼注视着这个世界呢？

大仲马的一生，几乎和他的小说一样，也充满了悲欢离合的传奇色彩。这位生得潇洒、活得快乐的大块头浪漫派作家，体力充沛、精力过人，想象丰富、才思敏捷，放浪形骸、挥霍无度，侠肝义胆、古道热肠……无论在政治上、生活上、创作上，他奉行的都是自由主义，不受任何约束的自由，是他追求的最高境界。他没有雨果的沉重思想，没有缪塞的柔弱忧郁，没有乔治·桑的田园牧歌，他以自由联想编织起充满自由精神的传奇故事，迅速征服了世界各地的男女老少。他称不上是法国最伟大的小说家，但他的小说被译成100种语言，被拍摄了200部电影，使法国历史和文化在全球各地广为传播，他在这方面的功劳是其他任何人都无法比拟的。

傍晚时分，从贝尔朱码头登上"法兰西号"游艇，出海去体验维约港内外的壮丽美景。

这是一次穿行在白色波浪之间的旅程。

在万顷碧波间轻舟疾进，卷起如雪浪花，有好风拂面，有长空如洗，远处小岛隐约可见。"风烟俱净，水天共色。从流漂荡，任意东西"。吴均《与朱元思书》中的绝妙好辞，也是开着游艇漫游地中海的恰当写照。

空气中飘浮着潮水的香气，船甲板上极具特色的马赛克拼贴艺术画，橘黄和海蓝的色调，让人仿佛能时刻感受到地中海温暖阳光的照耀。

游艇开足马力，法兰西共和国红蓝白三色旗迎风飘扬。

夕阳照耀下的浪花疯了似的咆哮着，犹如喷薄而出的火山岩浆，倾泻而出，像是要把眼前的一切都吞噬，异常地悲壮和美丽。

各种漂亮的游艇从身旁掠过，飘拂着红、黄、白色的船帆与桅杆，曼妙地、自由自在地在澄澈的海空中尽情翱翔。

西沉的落日依旧红彤彤的，一抹抹璀璨的晚霞似五彩的飘带，笼罩着寂静无声、被绿色波涛覆盖的地中海，简直就是一块浓艳的调色板，又像是莫奈的印象派名作《艾特达的日落》的复活版，将马赛港映染得斑斓绚丽。

　　渐渐地，海天都染成了不可思议的橙红色，四周一片金黄，原本分明的绿色、黄色、紫色以及那种刺眼的蓝色，此时都泛着金色的光芒，占据了整个色系。天空是那么辽阔，海水也平静了下来，人的心也跟着沉静下来，被天地自然无与伦比的美丽感动。

　　四周古老的建筑都身披落日的余晖，静静地矗立在微波荡漾的倒影之上。远处，金色的圣母像屹立在加尔圣母院教堂的顶端，遥望着大海……只有当城市的喧嚣渐渐远去，人们才会发现自己并没有完全麻木。

　　落日越来越红，也仿佛越来越大。此时此刻，夜幕还没有真的降临，天边还有几抹淡淡的霞光，而我也不知道该走还是该留，也不知该说什么，只觉得好像已经很久没有这样心跳的感觉了。所有的鸟儿都缄默不语，静静地守候着海神的到来……

　　眼前忽然浮现出在巴黎的奥塞博物馆看到的凡·高那几幅表现普罗旺斯的风景画，无论是大胆的色块、深刻的笔触以及超乎寻常的想象空间，还是那些怪异的情感表达，不正是眼前的马赛吗？"太阳突然照进文森特·凡·高的眼帘，使他的眼睛一下子睁大了。这是个旋转着柠檬黄的液态火球，它正从蓝得耀眼的天空中掠过，使得空中充满了令人目眩的光。"（欧文·斯通：《凡·高传》）

　　没有画笔，更不敢揣摩凡·高的心灵和精神，但是每个人都有属于自己的对美丽和令人感动的东西的热爱和追求，以及对大自然与生俱来的亲近感。我用镜头记录下了此时此刻内心的感动和震撼，留下了很多年以后都将让我难以忘怀的这样一个地中海的黄昏……

　　当游船返回马赛港的时候，教堂的轮廓清晰可辨，在落日余晖的照耀下反射出深红和紫红色的光芒，辉煌得让人不敢逼视。金红色的晚霞似乎放射出硫黄的气息，用一根火柴就可以将天空点燃。此时此刻的马赛，简直是世界上最美的地方。

　　突然，教堂的钟声清脆地敲响，就像雨果在《巴黎圣母院》里写到的，从一座教堂传到另一座教堂，就像每座钟楼里升起一根根声音的圆柱、一片片和声的云烟，响彻霞光灿烂的天空。渐渐地，钟声混在了一起，相互交融，难分彼此，成为壮丽的合奏。一大片一大片响亮的颤音，不断地从无数的钟楼里迸出，在城市上空飘荡、旋转、波动、回响，似乎要将震耳欲聋的颤音扩散到天之尽头。整个城市仿佛一下子都颤动起来，沉浸在辽阔而深沉的共鸣里。

　　此时的马赛，更像一支乐队，在地中海碧波的映衬下，显得更加壮丽，更加灿烂，更加辉煌。

18

戛纳手印

"我们在 Cannes 的上空!"这是法国电影《虎口脱险》中英国飞行员的那句台词。

其实，戛纳的最早出名与拿破仑有关。

1815 年，拿破仑从厄尔巴岛逃出后，来到这个尚无多少人知道的小镇，树起旗帜招兵买马，准备东山再起。于是，戛纳成了全欧洲人注目的地方。

1834 年，布鲁汉姆爵士在埃斯特雷东端海岸边一些最不起眼的渔村中发现了戛纳，陶醉于这里常年盛开的鲜花、如画的风光，也爱上了这里的风土人情。在他的感召下，许多英国和俄国的皇室与贵族，还有一些美国富人，也为这里恒温的气候和可爱的风景所吸引，纷纷来此度过漫长的冬天。

后来，一些文人陆续将这里搬进了文学作品，终使戛纳名扬海外。

戛纳精致小巧的城区依山傍海而建，绿树遍布山坡，红顶黄墙的房屋掩映其中，错落有致，从容中透着安详与恬静。

城市的每个角落都经过精雕细琢，一尘不染。狭窄的街道在山海之间起伏迂回，信步于树影婆娑的里巷，在偶尔传来的教堂声中体味小城的静谧，绝对是一种享受，更适合度蜜月的情侣漫步倾谈。

这里人杰地灵，小伙子们英俊潇洒，姑娘们妩媚迷人，到处是悠闲自在的身影。整座城市都弥漫着一种慵懒的氛围，人们似乎忘却了工作，好像没有什么更重要的事情值得去做。阳光舒卷，海风摇曳，清透的天空，碧蓝的大海，似乎一个世纪的时光都凝滞在这个懒洋洋的海滨城市。

酒吧和咖啡厅遍布全城，长发披肩的酒吧乐手随心所欲地即兴弹奏着曲调舒缓的曲子，空气中飘来的，除了大海甜美的晚祷，还有富于浪漫色调的法兰西语。

20世纪40年代，金棕榈国际电影节开始在戛纳举办，其光彩照亮了美丽绝伦的里维埃拉地区，更增添了它自身的魅力。

每年初夏，全世界的演员、导演、发行商和记者就开始拥入这个地中海度假胜地，参加无穷无尽的放映会、记者招待会和宴会，共享电影界的盛事。2001年的电影节主席吉勒·雅各布说："你不能错过戛纳电影节，全世界的电影人都云集在这里。"出席电影节的名流嘉宾之多，场面之盛大，是世界其他城市望尘莫及的。不同族裔、不同宗教信仰的国王与皇后、酋长、电影明星、富豪等，宛若磨坊中的谷物一样，成为戛纳滚滚而来的财源。

对年轻的电影人来说，戛纳电影节为他们提供了一夜成名的机会；而对另一些人来说，戛纳电影节则可能是一场危险的赌博——如果电影评论家在这里对一部影片评价较差，那么几乎毫无疑问，这部电影无论演员、导演还有票房，都将十分惨淡、渺茫。

戛纳电影节的标志性建筑——电影节宫建筑群，距海滩500米，其中包括25个电影院和放映室，中心是电影节宫。在电影节宫外的广场上，铺着一条长长的窄窄的石道，石道的每一块石板上面都展示着一位世界级电影明星的手印。

在傍晚醉人的灯光下，一个一个地寻找，史泰龙、道格拉斯、沙朗·斯通、斯皮尔伯格……最后，定格在"凯歌·陈"——陈凯歌是中国大陆迄今唯一一位在此留下了手印的世界级导演——他当之无愧。

如果说戛纳的里巷蕴涵着它的内秀，那么海滨大道则彰显出这座城市的热力与奔放。

戛纳著名的小十字架林荫大道，是世界上最紧跟时尚的海滨步行街之一。

大道两侧由棕榈树作为夹道，将排成长列的豪华酒店、艺术长廊、时装店和各色精品专卖店与海滩分隔开来。

步行街东端的小十字架角是欣赏戛纳美景的最佳地点，在这里的咖啡馆中，可以一边欣赏地中海和层峦叠嶂的阿尔卑斯山美景，一边享受宜人的温暖和新鲜的空气。每到傍晚，还能目睹到海湾落日奇美的金色余晖。

下榻的酒店靠山面海，除了安静，就只有眼前碧蓝的大海和身后漫山遍野的橘子树了。

站在露天回廊里，耳边轻拂着海浪拍岸的阵阵回响，节奏清晰而明快。

酒店后面郁郁葱葱的山坡上，树丛中点缀着漂亮的别墅，展现在眼前的，除了壮观的自然形态，还有山径上那份遗世独立的宁静，仿佛精灵居住的国度。

想象着山上人家，清晨在涛声中醒来，黄昏在鸥鸣里看落日归海，梦里都会出现美好的景色。

我住的房间在酒店的三层，楼层不高，但视野十分开阔，是个典型的"看得见风景的房间"——其实这里到处都是风景，根本不用在乎什么角度。

◉ 艳丽的戛纳

推开落地窗，满眼的蓝色便迎面扑来——蓝天、大海连为一体，阳台上镂花的白色桌椅以及满屋的清香，都完全被这最美丽的蓝色所包围了。

坐下来俯瞰大海，热闹的沙滩尽收眼底，一溜儿的沙滩椅上躺满了晒日光浴的人们。远处，碧波闪亮的海面上风帆点点，一道道银白色的弧线在海上交织——冲浪的人们在用他们自己最拿手的方式，表达着对大海的热爱。

涛声一波一波地冲上海滩，裹挟着海风阵阵吹过，吹散了头顶淡淡的云朵，也吹来了远方悠悠的思念。

太阳渐渐地西斜。犹如时间拉长的影子，落日用它最让人感动的色彩，慢慢地沉入大海，将荷马笔下"阳光融入海水"的幻境一点一滴地呈现出来。四周一片静寂，只有成群的海鸥在低空盘旋不停，似乎在为最后一抹阳光的消逝而伤感。

夜色渐浓，海滨大道的灯火一下子就使整个城市辉煌、热闹起来。

不必去吃豪华的晚宴，打个电话，就能要来一份地中海风味的自助晚餐，棍式面包、培根烤肉、樱桃酱和飘着芳香的咖啡，摆上阳台的桌子，一边听着大海送来的最美妙的音乐，一边享用自在透顶的美好时光。

在这里，晚上睡得格外好。大海的暖风从敞开的落地窗吹进来，轻抚着，伴你入眠……

清晨醒来，嘴角还带有咖啡的苦香，而窗外的星星不见了，取而代之的是刚刚从迷雾中苏醒的海湾和翠绿的山峦，就像天使的睡眠，没有翻覆，没有鼾声。

一层淡薄柔和的轻雾覆盖在起伏随意的山坡上，像是孩童圆满的脸蛋上带着的一丝微笑，那么恬静，那么安详。

眼限所及，山峦隆起在曙光照亮的天际，像是这片土地上的守护神，那么朴实无华，那么沉着有力。

残月像半盏明灯，又像就要交差的夜神，正向群山的深处移动，仿佛要走在即将升起的太阳的前头，去寻找自己的归宿——这样依山傍水的日子实在写意，令人裹足不前。

不开电视，拒绝一切外界的消息，一切似乎都沉没在遥远的雾海深处，消逝了。尽情地享受这种短暂的与世隔绝的生活，自己仿佛已被从这个世界抛了出去。塞尚说："这里是世界平衡的瞬间。"

然而，在这个世界上，能够实地体验这种真空般永恒瞬间感觉的，毕竟是少数人的短暂幸会，真正值得人们观照的，还是蕴藏在每个人心底的那份终极关怀。

此时此刻，不禁让我想起了一个故事：据说，有一个大师级的修行人带领一群弟子研究哲学，其中一名学生因为非常用功受到大家的重视，不料学习到一个很重要的阶段时，他居然生了一场大病，但仍坚持要追随老师继续上课，他认为生命苦短，为追求智慧，绝不浪费任何时间。修行人劝告他说："其实，智慧不一定在前面啊！很可能智慧在你的身后，它想赶上来，而你跑得太快，所以还没碰到一块呢。只要放松身心，随着自然的节拍，就能得到智慧。"

"智慧，可能在你的背后。"多么富有智慧的声音！

动听的乐章，中间常有一两个休止符，它让行云流水的过程有了段落，并因此可以期待繁花盛开的章节。

而在人生的道路上，有时候停下来，并不一定是为了走更远的路，因为就在你的周围和身后，早已是繁花一片。柏拉图的弟子拾不到最大的麦穗，是因为他们以为最大的麦穗在前头，所以他们一路上总是匆匆向前，结果到了尽头才知道其实最大的麦穗自己已经错过——追求最大却失去最大——有的人得到什么都不愿满足，什么都不愿放弃，结果却什么也得不到。

对于无所不能的现代人来说，最大的智慧莫过于学会放弃。为了熊掌，我们愿意放弃鱼；为了爱情，我们愿意放弃金钱；为了真理，我们愿意放弃生命……我们应知道该放弃什么，该保留什么，保留生命之中最有价值、最纯粹的部分，放弃那些附疣与累赘。当我们轻松放弃的那一刻，就找回了自己，找回了快乐。

人不能像热锅上的蚂蚁，只知道团团转，却永远无法找到真正的出路，只有让焦虑的心情冷却下来，刻意安排一段留白，才能持续欣赏到人生画面中最美的风景。

戛纳的夜晚，在我看来只有戛纳的夜晚才有资格成为每个到过这里的人的极夜——不需要光亮，不需要声音，只有时间的黑洞掌握着一切。在这一刻，仰望深邃无边的苍穹，不禁感叹人生苦短，其乐无穷。

在戛纳，还有另外一种撩人心扉的情致——薰衣草。

有人说，感情如果可以用颜色来标志，那一定是紫色的——很贵族的紫色——敏感，高贵，冷漠，但又让你无法不去正视她的美丽。

每到春夏之际，在地中海的金色阳光下，大片的薰衣草随着微风颤动着，犹如忧郁的女孩——有一天从你身边走过，在不知何时的另一个下午，你又会慢慢地想起她。

现在是秋末冬初，紫色已随夏天的脚步走远了，自然是看不到薰衣草的，在同样金色的阳光下，我面对着的是一片片泛着浅黄色的草根，那是要到来年春天才会开放的。

花儿都已收割，变成了一罐罐的香油精和润肤乳，在街头专为游客设计的薰衣草小屋里陈列出售。薰衣草制成的香水、蜡烛、毛巾、浴球、化妆品、绣花台布等各色用品和装饰品，虽然花样繁多，却全部都是淡紫色，散发着薰衣草的芳香，又像星星点点的紫罗兰的香味儿，而香浓奶油味的薰衣草饼干和松软的烤饼，味道则格外特别。

然而，戛纳的风情，并不仅仅是薰衣草，它还有莫奈绘制和临摹过的栗花，有莫泊桑笔下"有如风铃一般摇曳的橄榄树"，有至今依旧枝繁叶茂、当年由亨利四世亲手栽下的桑树，以及丰硕的葡萄园、充满了记忆的酒庄和长达千年历史的修道院……在没有薰衣草的日子里，依然能够使人感受到戛纳的独特魅力和迷人姿色。

在戛纳，人们常常会惊叹于眼前的景色——那种明亮和美丽，带着一种似乎不尽现实的光彩，令人恍惚——它代表着内心真正的悠闲。而薰衣草的出现，又会深深地引出另一种情怀。

19
棕榈大道上的异乡人

> 挺拔的棕榈树带来一片阴凉，
> 富丽堂皇的酒店门前延伸出亮晶晶的沙滩，
> ……
> 海滩上到处是肤色为棕褐色的祈祷者。
>
> ——[美国]菲茨杰拉德:《夜色温柔》

前几天听说，有人想组织一个汽车旅游队，从北京出发，要一路开到法国南部的尼斯——他们可真会挑地方。

真想再去尼斯——那是所有法国人都想把家安在那里、所有人都能找到灵感的地方。

从戛纳到尼斯，有过太多美妙的回忆。

尼斯是法国滨海阿尔卑斯省省会，全国第五大城市，"蔚蓝海岸"上闻名全球的旅游城市。它北临阿尔卑斯山，南接地中海，风景旖旎，气候宜人，是欧洲乃至全世界无数艺术家和有钱人痴迷向往之地。

法国南部，从来就是浪漫的代名词，而尼斯，则有着蔚蓝海岸最美的海岸线。

尼斯还是一座具有古老历史的现代化名城。

早在公元前5世纪，希腊人便开始在此定居，后来这里又长期被罗马人攫为己有，1860年才最终划归法国。17世纪，因为"那些英国人来此越冬治病，长期忧郁的心绪得以舒散，想象力无限焕发"。从此，尼斯成为享有国际盛誉的休假游览胜地。

记得法国著名浪漫主义作曲家柏辽兹在其回忆录中描述过关于尼斯的一件趣事：在他与同伴乘船驶往意大利的途中，在尼斯附近，海面风平浪静，借风使力的帆船几乎无法前进，每晚掠过海面的轻风只能使其前进几英里，而沿着这一带海岸的洋流却都是相反的方向，所以一夜之间又不知不觉地将他们吹回到出发之地。

每天早上，一登上船甲板，他问水手的第一个问题便是在海岸上所发现的城镇的名字，而每天早晨都得到同样的回答：尼斯，先生，还是尼斯，没完没了的尼斯！柏辽兹写道："我开始相信尼斯这个优雅的城市或许具有一种磁力，就算它不能够将我们船上的所有铁制物品一件一件地吸过去，但它至少对我们的船有一种难以抗拒的吸引力。"

也正是因为如此，他在归途中又特意来到了尼斯。"我深深地呼吸着尼斯那温和芬芳的气息，生活与快乐振翅飞来；音乐拥我入怀；未来向我微笑。……我漫步在橘林中，投入海洋的怀抱，登上维尔弗朗什山，在欧石南丛中甜甜入梦，或是从高高的闪着光辉的瞭望台上看船只来来往往，并静静地消失。我完全一个人生活，我歌唱，我信仰上帝。"（《柏辽兹回忆录》）

1882年，英国人沿海边修建了长达2.5公里的漫步大道，为的就是更便捷地到达地中海。大道沿着地中海蔚蓝色的海岸伸展开去，两侧错落有致的棕榈树随风摇曳，繁花盛开。

据说，当年维多利亚女王很喜欢在清晨沿着这条海滨大道健身散步，然后乘上她那辆红黑相间的著名马车，悠然离去。

如今，在这条著名的英人大道上漫步的，几乎全是来自世界各地的"异乡人"——每一个到尼斯的游客，都不会不到这里来欣赏地中海魅力无穷的景色，并在鳞次栉比的豪华饭店、高级时装店以及露天咖啡店里，随心所欲地满足购物和消遣的欲望。

其实，当现代社会的旅行者们游走在异乡的时候，早已不再像他们的前辈那样怀有异乡人的心情，他们唯一的目的就是观光——无论故乡还是异乡，都不是他们的终点，也不是目的地，而只是沿途的一处风景——这本是旅行的全部内容，却常常被忽视，如同吃水果，看到的只是它们的个头大小以及维生素的多少，却完全忘记了味觉体验。

舍本逐末吗？或许是吧。但是当生活的脚步越来越快之时，又有多少人会在乎路上的内心体验呢？

所以，只把异乡当故乡，只能成为旅途中的一种幻想。但是假如为此而伤感却又显得矫揉造作，因为每一段旅行的结束，就是另一段旅行的开始，当你还来不及为一段刚刚结束的旅行而怅然若失时，又一次出发的惊喜已经在不远处露出了神秘的微笑……

大道对面的天使湾，半月形的海滩雪白洁净，浩瀚的地中海一碧万顷。坐在休闲椅上，极目远眺，水天一色，极尽大自然之美景。

尼斯独特的阳光，更令画家神魂颠倒。在美丽的天使湾畔，有毕加索、莫奈、马奈斯和夏加尔等人留下的足迹，他们传神的作品如今或在博物馆展示，或成为私人收藏家的珍藏品。

在这片洋溢着法国南部风情的土地上，任何人都能感受和体会到他们曾获得的灵感。

尼斯还是肉体与心灵放归的地方，尼采曾到处寻找适于他那患上痛苦疾病的身体的地方，而一到冬天，他基本都是在这里度过的。作为一名"被逐的流浪者"，他带着尽可能少的生活用品，住在俭朴的房间里，整天在尼斯的郊野漫游，"顶着绿色的阳伞，避免被阳光晒伤，接触各式各样的旅行者"。

这次从北欧过来，一路穿行，越是接近地中海地区，越是感受到人们生活的节奏越来越慢，甚至路上行人的脚步也越来越迟缓。这里的人们认为，上帝创造的时间是为人服务的，不应该让自己沦为时间的奴隶。

他们也许是对的，因为他们始终都懂得如何使生活显得不同凡响，充满人性的浪漫气息。

散步、泡咖啡馆、读书，他们的家里可能缺少美国人家中那样的豪华和气派，但他们更愿意人们通过书架上的书籍、墙上的绘画和音响系统播放的CD唱片来评价自己。

因此，这里的人们日子过得非常悠闲：邮局晚开早关，中午还休息两个小时；银行下午4点就关了；周末没几个开门的店，全歇。

没工作的人也优哉游哉，不急着找工作，不喜欢的工作宁肯不做，也绝不能受罪。所以，一天到晚，你根本看不到国内那种争分夺秒、你追我赶、大干快上的景象。很多初来这里的国人禁不住要问："法国人都在干什么？"答案只有一个：待着。

欧洲人把个人的休闲权利看作是至高无上的人生哲学，而中国人历来鄙视休闲，"游手好闲"、"好吃懒做"从来都是贬义词，因此从根本上说这是一种观念上的差别。

休闲，对欧洲人来说是一种生活方式，一种生活态度；而中国人并没有休闲的概念，只有休息的概念。休闲与休息虽然只有一字之差，可内涵却完

感受老欧洲

◉ 夜色下的棕榈大道

全不同，反映在方式上的不同就更是差之千里了。

中国人的"休息"强调的是"休养生息"，注重的是体力的恢复，为的是更好地劳动、工作、赚钱，休息是一种手段；而欧洲人的"休闲"，恰恰相反，对他们来说，工作是为了更好地休息，注重的是身心的放松，人性的复归，休闲本身就是目的。

这种观念融合了个人权利、回归自然等天赋原则，在欧洲广泛普及、深入人心。所以一旦休假，就是彻彻底底地休假。到哪儿休假，不必让同一办公室的同事知道，也不必禀告上司。与我们中国那些大忙人休假时连睡觉都开着手机相反，他们一进入休假就不再惦记电话铃声，不会因为两天没有与人通话就如困兽般烦躁。

对他们来说，每一次身心的放飞，都是一次人格的重大增补。

阿尔伯特·卡缪说过：了解一个城市最容易的方法，就是弄清它的人民是如何工作的，如何爱的，以及如何死的。整个尼斯，都弥漫、笼罩在这样一种难于言表的慵懒氛围之中。

我想，如果在这里多待上几天，除了欣赏优美的风光，能够像法国人一样坐在海边发呆，也该算是一大享受了吧？

尼斯老城的巷子曲曲折折，上上下下，两边建筑物的阳台突兀而出，简直就是一个由蜿蜒街道和色泽柔和的房屋组成的拥挤、喧闹的迷宫。

午后的阳光在小巷里移动得非常快，坐在餐馆、咖啡馆外面的人们享受着这云影和阳光的奇妙交替——难怪里面没有几个客人落座。

简单地吃过由尼斯海鲜烹制的晚餐，在海风的召唤下，穿过弯弯曲曲的小巷，迎着傍晚的尼斯特有的魔幻般的天光，在英人大道和海滩上漫步。

这时，渗透在尼斯整座城市的那种悠闲一丝丝一缕缕地散发出来，好像花朵静悄悄弥漫芳香般地感染着每一个游人。

在海边自不必说，踩着海滩上高尔夫球大小的鹅卵石，每一次不经意地转头，都能看得到地中海蓝得没边没沿的海水，还有天边渐渐发红的晚霞，这种氛围能让任何人都生发出法国人的闲情逸致；到林荫大道上自不必说，只要双脚踏上茸茸的草坪和厚厚的落叶，所有的郁闷和烦恼都会在瞬间一扫而光；就是在繁华的步行街上，都能感受到尼斯人的轻松与惬意。这样的气质，就是能激发人的创意，催生一丝一毫的灵感。

而对于我，从此便在心中埋下了一个梦想：有机会再到尼斯，一定要在阳光暖意的午后，到海边的长木椅上去晒太阳，感受时光在这里的停留；或斜倚幽静角落，聆听大自然的物语，感受整个蔚蓝海岸的魔力——它在尼斯达到了极致，就像最初发现她的英国贵族，优雅、从容、气定神闲。

也就是在这条著名的海滨大道上，著名舞蹈家邓肯飘然而逝。1927 年 9 月 14 日，邓肯戴着一条红色的中国绸长围巾，坐上汽车行销售员的汽车准备去试心仪已久的布加迪 37 型轿车，当销售员关上车门的时候，邓肯与朋友玛丽·戴斯蒂挥手告别："再见，我去天堂了！"汽车驶上了海滨大道，而这时邓肯的长丝围巾从她的肩膀上滑落下来，吹向了车窗外，围巾上的流苏卷进了蝶形阀和轮胎的轴之间，汽车开出了一百多米停了下来，而这时邓肯已因围巾勒住颈部而死，时年 50 岁。

夜风和黑夜一样姗姗来迟。在地中海的夜空里，月亮和星星清朗、明亮，海水拍打到岸边，破碎的海浪是沸腾的白色粉末。

数日前，这里对于我还是一个陌生的地方，现在却注定将在我的记忆中占据它的位置。之前关于尼斯的许多想象与眼前的现实并不完全一样——古老与神秘是异乡人的想象，它只在陌生人中挥发陈酿的香气，或在食物和语言的差异中制造异国情调。

这是尼斯的冬天，悠远的海岸线上停泊着没有出海的帆船，守候着宁静的城市，而一旦夏天到来，在一片片海滩上，蜂拥而至的游人把这里当作天堂——好在这一切与此刻的清净没有关系。

古老的文明只在寂寞中保留着灵魂的回音。

20
赌徒的天堂

> 没有人能够伺候两个主人:
> 你不可能既做上帝的仆人,
> 又做金钱的奴隶。
>
> ——《圣经》

    从尼斯到摩纳哥,车子由西向东行驶。右侧的车窗外,湛蓝的海面比湛蓝的天空还要辽阔,还要深邃。

    过了尼斯,海岸线就发生了变化,宽阔的海湾让位给了陡直的峭壁。汽车蛇行,沿着崎岖的海岸线飞驰,一个拐弯,眼前就会换成另一幅风景。

    尼斯和摩纳哥之间的海滨,让我领略了山海之间最壮观的风景:高耸的山峰、急落的峡谷、闪亮的海水,以及坐落在崎岖山峰之巅的村庄,只有峭壁石缝间偶尔探出的几朵傲骨小花,才使岩石刚硬的形象带点温柔的韵味。

    峭壁一个高过一个,最高也是最扣人心弦的一段路程,是沿着拿破仑1806年修建的行军路线,汽车在高高的悬崖上方行驶,脚下就是陡直的峭壁和万丈波涛,地势起伏跌宕,险象环生。

    耀眼的阳光照得远处的海水一闪一闪,山下的海水则是难以描述的颜色——在窄窄的峡谷里,水是不透明的碧绿,随着阳光的游动,海水的颜色跳动着变幻,从碧绿过渡到深绿,到更远的海面,便是一望无际的湛蓝——那种让我最沉迷的海蓝色。

    天空是大海的语言,是大海蓝色的背景。天空收容大海的情绪,容纳大海的脾气，传送大海的愤怒和忧郁，而当大海得到满足时，天空就变得碧蓝，海天一色，人们区别不出它们来。所以人们还说，地比人大，海比地大，天比海大。

面对着大山、大石、大海，车与人都显得格外渺小，但世界和视界却相对扩展了幅度。

过了山口，道路继续沿着悬崖的边缘惊险地向前延伸，直到能远远地看到阿尔卑斯山山顶的积雪，才开始缓缓地向下蜿蜒。

海湾、游艇、赌场、摩天大楼，环绕着小小海岬的一圈圈同心圆而排列的山脉，这就是摩纳哥。

摩纳哥依山傍海而建，是世界著名的袖珍之国。历史上，自早期热那亚人统治摩纳哥起，这个大公国就作为欧洲地图上的一块政治珍品而保留至今。

如今，它虽然在法国的保护下生存，却始终是格里马迪家族统治下的一个袖珍君主国。它的面积不足 1.95 平方公里，大小仅相当于北京的半个颐和园；人口仅三万，旅游业是国家最大的"工业"。但它拥有自己的税制、自己国家的汽车牌照，虽然军队和警察都由法国人担当，但却拥有属于自己的军人和警察制服。20 世纪 80 年代以来，摩纳哥公国的主政者——王子雷尼尔三世，勤奋而努力地维护着摩纳哥的荣耀。

摩纳哥公国所辖的两座城市——摩纳哥城与蒙特卡洛，享誉全世界。

摩纳哥城全城建在一片斜坡上，老城街道沿着坡形高地建筑，石阶蜿蜒，红褐色屋顶的建筑物挤在狭窄的街道两旁，中世纪的风貌盎然犹存。新城道路宽阔，高楼林立，洋溢着浓郁的现代化气息。

摩纳哥风光秀丽，常年日光充沛，海浪平缓。水浪击岸，被海浪淘洗得洁净如雪的沙滩与蔚蓝的地中海交相辉映。

港口游艇如梭，岸上现代化的摩天大楼和掩映在油橄榄林中的幽静别墅，倒映在碧绿的海面上，构成了一幅美丽如幻的图画。

海鸥成群，它们丝毫也不在乎人们的到来——来到大自然，人们是客它是主。

摩纳哥王宫被誉为摩纳哥百年传统的守护神。

每天中午 11：15，王宫广场都举行庄严肃穆的卫兵换岗仪式。

在激昂的鼓乐声中，只见一对对卫兵头戴浮雕银牌的白色头盔，身穿白色制服，腰束金扣链皮带，肩扛步枪，佩带腰刀，在被游客围得水泄不通的广场上准时出现，仿佛从远古走来的战士。此时，这里就成为全城最为游客注目的中心。

王宫广场的西侧，陈列着路易十四时期铸造的炮台，如今，一门门火炮和一堆堆炮弹依然展示在这里。

在王宫广场，能将摩纳哥城与蒙特卡洛市尽收眼底。再远，意大利的泊蒂凯拉角依稀可辨。

从王宫广场开始漫步，穿过一个个旧城区，粉红色、橘色和黄色色调，簇拥着高低不同的教堂和民居。没经过几户人家，就到了圣尼古拉大教堂和热带植物园——难得的开阔一点的地方。园内的仙人掌种类繁多，千姿百态，旁边是著名的海洋博物馆，一个世界上管理得最完善的一流水族馆。

蒙特卡洛是摩纳哥公国的一颗明珠，它是欧洲轮盘赌之都，"卡西诺"大赌场驰名世界。

然而，蒙特卡洛在中国人的心目中，不仅仅代表着这样的资本主义"腐朽与没落"——1993年9月23日，蒙特卡洛摩纳哥路易二世体育馆，在国际奥委会第101次全体会议上，北京以43:45两票之差输给悉尼，与2000年第27届夏季奥运会失之交臂。这是一次刻骨铭心的失败，蒙特卡洛见证了中国人奥运情结的伤心之旅。

举世闻名的蒙特卡洛"卡西诺"大赌场，建于1865年，立于地中海边的

◉ 王宫曾是要塞，炮台与火炮依旧

悬崖之上。在外面看上去，它是一座简洁明快、并不十分起眼的两层楼建筑。走进大门，宽敞的大厅华丽非凡，同时也戒备森严——除了钱之外，随身携带的一切物件都要在这里寄存。

在一个"老虎机"前，同伴用五个法郎投了五注，扳动手柄，最后一次竟哗啦啦地吐出了 100 个法郎！引得大家兴奋地围拢过来。再投，一次次没有结果——一个侥幸换来的 100 个奢望，最终化为 100 个美丽的肥皂泡，消失得无影无踪。

喜欢赛车运动的人都知道，一年一度的摩纳哥 F1 大奖赛，是世界上一道最独特的体育风景线。摩纳哥赛道与美国的印第安纳波利斯、法国的勒芒和德国的纽布格林并称世界著名的"四大赛道"。

摩纳哥赛道的难度堪称世界之最，因为摩纳哥寸土寸金，只能在街道上进行比赛，所以有人形容在这里比赛"如同在卧室里开飞机"。从 1929 年开始，就这样一赛就是七十多年，长盛不衰。

史书记载，从马赛到摩纳哥的这段海岸沿线，曾是一道"荒瘠山丘"。

而如今，这个仅占十分狭小地面的如画之乡，在尼斯、亚平宁山脉与阿尔卑斯山之间获得了"重生"，硬是让"荒瘠山丘"以及别墅穿插其间。

这里的每一处拐弯都有一个港口，每一处空地都有几架葡萄、几株柑橘，到处是盛开的花，翠绿的树，以及弥漫在空气中的葡萄酒的浓香。

对于眼睛和鼻子来讲，这里绝对称得上是世界最美的地方之一，恰似人间天堂。

初冬，这里依然水流湍急，百花盛开，自然界一片欣欣向荣。

21
倾斜的世界

您对人性的了解,
远不如对天体的了解。

——[意大利]尼科利尼:《伽利略传》

早晨8:00,从戛纳的酒店准时出发。今天,要做一次长途旅行,目的地是意大利的佛罗伦萨。

从戛纳到摩纳哥的路程已经走过,在峭壁上行驶,在半空中眺望,地中海的美景已经深入人心,也不再令人惊心动魄。

一路上,仍然是在悬崖和海岸边穿行,经过的每个小镇,都精美得如同上帝修剪过的盆景。坐在车厢右侧,地中海的完美曲线尽收眼底。

对我来说,地中海始终是一个梦幻般的诱惑,而意大利,更以其博大精深的文化风貌吸引着我。

在中国人眼中,意大利是一个充满神奇的国家,达·芬奇的《蒙娜丽莎》,米开朗基罗的《大卫》,薄伽丘的《十日谈》,这些文艺复兴时期大师们的作品,几乎人人皆知。

"意大利是欧洲近代文化的长子", 热拉尔·勒格朗说, "文艺复兴是意大利的天下"——意大利这个特殊的历史地位,更使中国的知识分子对它有着一种特殊的亲近感。而威尼斯的水乡,比萨的斜塔,罗马的古斗兽场,庞贝古城的废墟……这一切在圣彼得大教堂悠远的钟声中都被笼罩上了一层神秘的光环。

"意大利是上帝选中的国家"、"罗马是全球天主教徒的圣地"，这些都使许多中国人天生就对意大利有了一种崇敬和神往之情。

对中国来说，意大利还有另一层特殊的意义——是它，使我们最早意识到了"世界"的存在，结识了"西方"国家。中国古代史书中所说的"大秦"，汉代甘英西使时在条支隔海相望的陆地，唐代东来的景教徒的故乡，指的都是一个国家，即罗马帝国。

实际上，在15世纪地理大发现之前，丝绸之路所连起的东西两端，就是中国和罗马。

相传，罗马帝国的崩溃有两个原因，一是罗马的引水管道是铅做的，从而使战场上的士兵患了慢性铅中毒，丧失了战斗力；二是罗马的贵族们大量购进中国的丝绸，导致国库空虚，经济透支。

这是野史的传闻，无法证实，但罗马皇帝们极爱穿用中国丝绸制作的服装、在中国考古中屡屡发现罗马帝国金币则是事实。

也正是在这个意义上，长期以来在欧洲关于中国的知识方面，意大利始终处于领先地位，甚至可以说意大利是欧洲东方知识的集散地，在欧洲人眼中，中国的形象是被意大利人第一次描绘出来的。蒙元帝国时期，来到中国的教皇使节、被教皇派到中国的主教，绝大多数都是意大利人，如见过蒙古大汗的柏郎嘉赛，北京的第一位主教孟德高维诺，葬于泉州的安德烈主教等，更不用说充满传奇色彩的马可·波罗了。

大航海时代，在相当长的时间内，来华的耶稣会士大多是意大利人，正是他们奠定了中西文化交流的基石。如果没有意大利传教士的努力，欧洲人当时几乎不可能形成一个完整的中国图像。意大利汉学家白佐良认为，中国和意大利是具有"同样光辉灿烂却又各有渊源的文明"，并且"互为镜像"，而两个世界、两种文明的交流落到生命之上，就表现为"镜像之间的互读"、"看法和感受的往来和激荡"。诚如斯言。

汽车驶在平坦宽阔的高速公路上，法兰西的浪漫色彩逐渐被意大利厚重的古罗马文明风貌所取代。远眺哥伦布的故乡、意大利工业重镇热那亚，帝国古城往昔的荣耀依然辉煌灿烂。

有位诗人说过，意大利像女巫一样美丽娇艳，善变无常。千百年来，许多帝王、学者、圣徒、诗人及为之向往的旅游者，都想一睹其芳容。正如人们所赞誉的那样，"永远的迷魂女"意大利以其无与伦比的美丽和丰富多彩的文化，强烈地吸引着无数好奇者的光顾。

感受老欧洲

这个奇妙的国家，可以使人从困顿中迸发出想象的光芒，于冷漠中迸发出激情，于循规蹈矩中迸发出反抗精神。从罗马帝国时代起，意大利就一直频频地召唤着那些寻找安慰与光明，寻找文化宝藏与宗教精神的人们。它在人们的心目中，是世外桃源，是人们追寻文化古迹、人性、阳光和激情的天堂。正如弗斯特所说："我坚信，意大利真正净化了拜访她的人们，使他们更为高贵。她是世界的知识宝库，也是世界的乐园。"

伴着地中海初冬灿烂和煦的阳光，汽车行驶在亚平宁半岛绿色的田野之中。

山谷中点缀着寂静的小村庄，山坡上展现着广阔的牧场，群山环抱有如高举的酒杯，湖泊处处有如杯中的佳酿。绿色的田野，黄色的麦地，向碧海之滨伸展。

沿途，不时有中世纪风格的村落、小镇跃入眼帘，在正午的阳光下显得倦怠慵懒，然后又蓦然复苏，生气勃勃，热情奔放。

两千多年前，伟大的意大利诗人维吉尔歌颂道："此处四时皆春，就是炎夏也没有暑气。每年牛羊繁殖两次，树木结果二回。"

诗人亲自劳作于田间——在那时，没有一个人会以耕田为耻。勤劳的人们用双手修整自然，加倍呵护乡间风光，以此向上帝表达最真挚崇高的敬意。

维吉尔说，道德的性质生长于农田；所有一切使得罗马伟大的古老美德，都在田间播种与施肥。在田野里，生长着神迹和天空的奇幻，显示了万千种神秘的力量；离开田野时，较在城市中更为欣然的心灵，不但觉察到创造性生活的显现，且因宗教的直觉、谦逊与恭敬而更加深刻。

维吉尔的诗是田园的速写，风格韵律优美，被称作罗马有史以来能听到的最富旋律美的六行诗，充满了哀思的柔情与罗曼蒂克的热爱。他的诗将乡村生活理想化，使得人人都乐于把自己想象成为一个牧羊人，随着羊群在亚平宁山坡上忽上忽下，因了无回报的爱情而心碎——这似乎比用温馨的回忆描绘迷人的景色更令人神往。

阵阵凉风拂面而过，美丽的田园风光不经意地就反映出了人们内心的渴望。

远望无际的田野，农田规划明朗，和谐的农业与自然景观融为一体，夕阳给层层的葡萄树披上了黄灿灿的衣裳，银色的橄榄树摇曳起一片片翠绿，衬托着被层层薄雾蒙上神秘面纱的高山，构成了一幅如画的美景。

美丽的风景随风而逝，但弥漫在空气中的古典与不朽之美，却化作了一种神奇的力量，使周围的一切都带着一种惊心动魄的气概。

车行之处，所有的荣光与美丽瞬间消逝，但仍然可以使人在废墟的轮廓中找到不朽的感动。在这种时刻，只想把所有能看到、能听到、能触到、能感到的美都统统收纳起来，留待日后慢慢反复回味，再次感受那种摇摇欲坠却犹自不朽的美。

很快，就来到了一座村庄似的小城，比萨到了。

比萨城位于意大利的西北部，濒临利古里亚海，是一个既古老又美丽的城市。

老远，就看见一座圆柱形的白色建筑，顶上飘着一面红旗，向南倾斜着，那就是"危名远扬"的比萨斜塔。

比萨的名气不仅因斜塔而得，它还是意大利一座伟大的艺术之都。它一度为阿诺河口上欣欣向荣的大海港，也是诺曼人征服西西里岛的盟友。比萨的船队将第一批十字军运往圣地，使其贸易足迹远涉东方。12 世纪时期，比萨在托斯卡纳地区的地位首屈一指，只是随着热那亚的崛起，它的领导地位才日益衰落。

斜塔位于利古里亚海东岸的比萨古城内，是比萨教堂的一座钟楼。该塔始建于 1174 年，1350 年完工，为八层圆柱形建筑。塔高 54.4 米，全部用大理石砌成。塔内有 294 阶楼梯，登上塔顶，可眺望比萨全景。塔因造基不慎，建至第三层时发现塔身倾斜，被迫停建达一个世纪之久，后继续施工。建成后，塔顶中心点偏离垂直中心线 2.1 米。

六百多年来，塔身继续缓慢地向南倾斜，目前斜度已经达到 5.3 度，偏离 4.4 米。

正是因为这种斜而不倒的现象，使比萨斜塔闻名遐迩。

不巧的是，斜塔正在抢救之中。只见斜塔的二三层之间拴着几根钢索，向北死死地拽着，在塔的北侧，码放着一堆铅锭，参观的人不许靠近，斜塔的里面传出隆隆的机器轰鸣声，维修工作正在紧张地进行着。

1990 年，意大利政府出于安全方面的考虑，暂时关闭了斜塔，以对斜塔进行维护和纠偏工作。办法则是把地基北边的土大量挖出来，注入水泥之类，目标是纠偏 50 厘米。

可我并不知道的是，再过几天，这里就要重新开放了——就在离开比萨的第六天，看到了比萨斜塔重新开放的电视新闻报道。

没能登上比萨斜塔，成为此行的最大遗憾。

感 受 老 欧 洲

上过中学的人，没有人不知道 1590 年在比萨大学任教的伽利略，在万众瞩目之下进行的那次伟大的自由落体实验——在大学教授们的围观下，他将一个大石球和一个小石球从斜塔上同时抛下，证明大石球坠落的速度并不会比小石球快。现在我们仍然可以在比萨斜塔顶上看到几颗石球，比萨大学的图书室里还收藏着一封伽利略叙述此定律的信。

名人加上名塔，斜塔一下子名闻全球。

再多一点知识，就会记得与斜塔毗邻的教堂里那盏伽利略灯——一个风雨之夜，伽利略从那盏吊灯时急时缓的摆动里，发现了物体摆动的等时性。

今天，在这古老的教堂里，人们追怀这位经典力学和现代天文学先驱者的功绩，同时也无法忽略，他因《关于托勒密和哥白尼两大世界体系的对话》一书而触怒教皇，并于 1633 年被罗马异端裁判所判罪管制，直到 1983 年罗马教廷才承认错误的历史事实（直到 17 世纪，大家一直认为地球是宇宙的中心，是静止不动的。因此，支持地动说和地球环绕太阳运转的学说，被教会视为一种危险的思想，不为别的，只因为这种学说违反《圣经》。意大利哲学家乔达多·布鲁诺，就是因为提出这样的假设，在 1600 年被活活烧死）。

1633 年 6 月 21 日，星期二。在罗马教皇宫廷前面，密集的人群吵吵嚷嚷。伽利略刚刚进入法庭，道道重门就在他身后关上了。

法庭对他提出了最可怕的指控：异端。

起诉书中有这样的话："被告伽利略，将近一段时期以来，坚称太阳处在中心，而地球并不处于宇宙的中心，欲以每日一周的方式在运行。"

面对教会的指控，伽利略进行了艰苦的辩白和争论，他逐一指出，凡是他提出的假设，他都能证实。他说，这样的真理是显而易见的，是具有科学性的，他的推理严谨而无可辩驳。

他知道自己不是异端，他是信徒，但他能分辨正确与谬误；他无法相信，科学真理会冒犯上帝。

然而，他没有权宜措施，他必须发誓弃绝，毫无退路。

他悲痛欲绝——若坚持他明知是唯一的真理，则无疑要以生命为代价；如果说谎，则他在精神上难以安宁。

1633 年 6 月 22 日，星期三。伽利略穿上了白色的忏悔袍，红衣主教们大喝一声："跪下！"伽利略跪行向前，说出了使他自己都感到烫嘴的声明："我叫伽利略，已故温琴佐·伽利略之子，佛罗伦萨人，现年 70 岁。教廷圣职部曾依法命令我放弃错误的观点，这种观点认为太阳处于宇宙的中心，静止不动，而地球不处于宇宙的中心，正在运行。鉴于这道命令，我来真心诚意地发誓弃绝，诅咒并憎恨上述异端邪说。我，伽利略，如上发誓弃绝并亲手签名。"

说完这些，伽利略等于否定了他明知是颠扑不破的真理：地球在环绕太阳运行。

而这一刻，整个宇宙都倾斜了。

事实上，我们所生存的这个星球，它在宇宙中的运行轨迹，无论公转还是自转，都像眼前的斜塔一样，是倾斜着的。对只有短暂生命史的人类来讲，我们所能感知的"世界体系"，亿万年来，周而复始，从未因我们的思考而发生丝毫动摇，恰如同伽利略所发现的钟摆，亘古未变。

围着斜塔转了一周，转过身来，才发现与斜塔成一字形东西排开的还有一座宏大的建筑——比萨大教堂。

其实，作为钟楼，斜塔本是教堂的附属物，但在这里却"正"不压"斜"，所有的风光都让斜塔抢去了，所有的游人都是沿着教堂走过来，又沿着教堂走回去，居然对这个真正的主角"不屑一顾"。

到了比萨，无论如何要吃一顿正宗的比萨饼。在意大利，无论走到哪里都能找到比萨饼店，比萨饼可以说是意大利食品的代名词。

在比萨老城，走在狭窄的街道上，到处散发着阵阵香味儿，比萨饼店的食品柜里陈列着各式各样的比萨饼，餐桌旁挤满了大嚼着热腾腾比萨饼的馋嘴客，还有更多的人站在火炉旁，一边喝着啤酒或葡萄酒，一边耐心地等待着即将出炉的比萨饼。

虽然电烤箱已经十分普及，但地道的比萨饼还是要用木柴来烤制，就像北京烤鸭的独特制法一样，因为只有那样烤出来的比萨饼才有独特的香味。

在比萨，还有更邪乎的，那就是小偷。意大利的小偷如同它的美景一样，名扬四海，一如那部同样有名的电影《警察与小偷》。

据说，意大利的小偷大致有五类：一是一群小孩拿着报纸讨钱，借机偷钱；二是几个吉卜赛女人抱着小孩讨钱，借机偷钱或抢钱；三是美女要你为她照相，借机抢钱；四是假警察查看游客行包，借机偷钱；五是在酒店吃早餐时，小偷常常趁人不注意，拎走游客的包。而其中最应该提高警惕的是，凡在著名的旅游景点，吉卜赛小偷都很多，要格外多加小心。

果不其然，在去往斜塔的路上，到处是一伙一伙的妇女和小孩，他们讨钱是假，偷窃是真。而你一旦发现，他们或许已经得手了，即便被人当场抓

⊙身正不怕影斜

住，他们也一副若无其事的样子，令你无可奈何。而在行人稀少的马路上，有时他们就会大胆地上前围住你，直接从你的口袋或挎包里抢东西，如果你捂不住，就会眼睁睁地看着自己的钱包到了他们的手里。虽然是一群妇孺，但架不住人多，所以很多人见此情形，只能落荒而逃。

欧洲的吉卜赛人是极其混杂的，他们属于许多不同的宗族和部落，没有共同的语言和宗教，被欧洲大多数民族视为下等人。

据不完全统计，目前全世界有大约1200万吉卜赛人，他们分布在欧洲、亚洲、非洲、大洋洲、北美洲以及南美洲。他们没有自己的国家，也没有自己的土地，就连他们的身份界定也是模糊的：英国人称他们为吉卜赛人，法国人称他们为波希米亚人，西班牙称他们为弗拉明戈人，俄罗斯人称他们为茨冈人，阿尔巴尼亚人称他们为埃弗吉特人，希腊人称他们为阿金加诺人，伊朗人称他们为罗里人，斯里兰卡人称他们为艾昆塔卡人……

而吉卜赛人则自称为多姆人，在吉卜赛人的语言中，"多姆"的原意是"人"。

据考，吉卜赛人的故乡在印度北边的旁遮普一带，大约在公元10世纪，迫于战乱和灾荒，他们踏上了流浪的旅途，一浪千年。

直到如今，在黄昏的欧洲小镇上，仍然可见一群群风尘仆仆的吉卜赛人，伴着音乐与歌声，从遥远的地方走来……目前欧洲大约有400万吉卜赛人，他们和犹太人不同，他们没有可以回归的祖居地。

夕阳西下，拉长了斜塔的身影。中国有句俗语："身正不怕影斜"，而在这里，斜塔是"身斜而影正"。

地球是圆的，无论是倾斜的世界还是颠倒的世界，都有它独特的风景。

22
永恒的佛罗伦萨

意大利最美丽的城市，
就是那繁华的佛罗伦萨了。

——［意大利］乔万尼·薄伽丘：《十日谈》

美丽的文化名城佛罗伦萨，拉丁语为 Florentia，英语为 Florence，意大利语为 Firenze。徐志摩根据意大利语发音把它译为"翡冷翠"，有如古典诗词般的高贵典雅、冰清玉洁。西方人则按拉丁语的意思，称其为"花之都"，多了几分热情与奔放。

佛罗伦萨正是凭借其高贵典雅与热情奔放，成为意大利最吸引人的一处旅游胜地。她虽然没有威尼斯那种因特殊的自然地理环境而产生的天性之美，却拥有由丰富而珍贵的艺术气质流露出的知性之美。

佛罗伦萨坐落在北亚平宁山山麓、阿诺尔河河谷的一块平川上，四周丘陵环抱。阿诺尔山谷是托斯卡纳少有的平地，佛罗伦萨便在这个山谷中建成——公元前 59 年，罗马人在这里建起了方形古堡式城市。

佛罗伦萨是欧洲文艺复兴的发源地，是意大利的文化首都。在世界文明史的坐标系上，它与雅典、耶路撒冷一样，光辉灿烂。

公元前 1000 年，这里是埃特鲁里亚人的定居地，公元前 1 世纪成为古罗马的军事要塞，公元 12 世纪初成为自治城市，14 世纪成为欧洲最大的工商业与金融中心。资本主义萌芽在此最先出现，作为中世纪向近代资本主义过渡时期新文化、新思想的文艺复兴的曙光，首先在这里升起。

作为欧洲文艺复兴运动的发祥地，佛罗伦萨是与但丁、达·芬奇、米开朗基罗、拉斐尔、薄伽丘等一个个响亮的名字紧密联系在一起的。但丁、达·芬奇和米开朗基罗，并称文艺复兴的三巨头。从某种意义上讲，是但丁、达·芬奇和米开朗基罗开创的文艺复兴运动，谱写了欧洲近代历史的新篇章，佛罗伦萨也由此获得了"世界历史文化遗产"的荣誉。罗曼·罗兰在《米开朗基罗传》里这样描绘着佛罗伦萨：

——那里，满是宫殿，矗立着崇高的塔尖如长矛一般，柔和而又枯索的山冈细腻地映在天际，冈上摇曳着杉树的圆盖形的峰巅，和闪闪作银色、波动如水浪似的橄榄林。

——那里，一切都讲究极端的典雅。

——那里，充满着狂热、骄傲……

从今天追溯以往，我们不得不承认，是西方资本主义慢慢地创造了一种崭新的生活艺术和精神状态，前者伴随着后者，后者又伴随着前者。威纳尔·桑巴特认为，这种新文明的开端，就是 15 世纪的佛罗伦萨。

15 世纪，欧洲最大的银行家美第奇当上了佛罗伦萨的执政官。美第奇家族在发展经济和贸易的同时，也特别热心于城市的建设和文化艺术事业，大力兴建教堂和宫殿，编撰图书，鼓励和资助艺术家进行艺术创作，使得佛罗伦萨的文化艺术迈入了一个最辉煌的繁盛时期，并由佛罗伦萨扩展到整个意大利——翁布里亚、帕多瓦和威尼斯。

因此有历史学家说，没有美第奇家族，就没有今天的佛罗伦萨。

今天的佛罗伦萨依然是意大利最美的城市之一，佛罗伦萨堪称是那个伟大时代留给今天的独一无二的标本。

朱自清先生在 70 年前曾仔细地描绘过佛罗伦萨的风光，这与我今天所见到的佛罗伦萨几乎没有什么区别——曙光下老桥的倒影映衬在阿诺尔河中，华丽的大教堂在明媚的阳光下放射出威严的光芒，整个城市依然是那么古色古香，街巷、桥梁、教堂、高塔、广场、花园都保留着文艺复兴时期的风貌，弥漫着文艺复兴时期的气氛。

今生今世我注定要与佛罗伦萨进行一次亲密接触。

越过阿诺尔河，沿着米开朗基罗路驱车前行，道路两旁的参天大树遮挡不住沿途的一处处胜景。爬过一段缓坡，来到了一个广阔宽敞的高地，这就是米开朗基罗广场。

广场中央，矗立着米开朗基罗的经典雕塑巨作——大卫像的复制品：粉

◉ 佛罗伦萨似腰缠玉带，被阿诺尔河紧紧拥抱着

绿色的青铜外衣，手搭肩膀，眉头舒展，自信、威严地注视着远方，而他那健硕、硬朗的身材，早已成为天下美男子的化身。

世事变迁，大卫始终以这种雄健的体魄守护着这座城市。

在其周围，还有《昼》、《夜》、《晨》、《暮》四组青铜雕塑作品，情趣盎然地衬托着大卫的伟岸与俊美。

1504 年，当米开朗基罗将巨大的大卫雕像放在韦基奥宫前面的时候，他就奠定了自己伟大雕塑家的历史地位。他运用古典文化来创造他那宏伟壮丽、富有个性、波澜起伏的风格——这一点，早在卢浮宫就已经被他震撼了——与他的万古长存的伟大天才相比，其他的任何事物都显得很渺小了。

米开朗基罗广场犹如一处佛罗伦萨的观景台，从这里俯瞰佛罗伦萨全城，视野和角度极佳。

此时，太阳刚刚从远处丘陵的后面升起，佛罗伦萨就变得色彩缤纷，将她的辉煌和灿烂蓦地展现在你的面前：整个城市笼罩在一派暖洋洋的色调中，满眼是一片片绵延不绝的红黄相间的建筑，砖红色的屋顶、米黄色的墙面，与中世纪的街巷布局相得益彰，愈显历经沧桑后的辉煌；山冈之下，就是那条蜿蜒的阿诺尔河，它舒缓而自信地流淌着，映衬着远处天边一脉黛色的山峦，承载着它所孕育的这座城市的一页页华美篇章。

佛罗伦萨留给我的视觉记忆，就是这样一幅永恒的清晨中的五彩画卷。

然而，佛罗伦萨不可能光是保存在视觉的记忆之中，因为关于它的那些辉煌历史和古迹，不可避免地会使你陷入无限的遐想与回味。

在佛罗伦萨中心地段步行，你会觉得像徜徉在一座规模庞大、气势恢弘的古建筑博物馆。面对那些昔日辉煌至今还闪耀着光芒的街区市苑、庙廊广场，会让你感到目不暇接。

更让我感到困惑的是，由于对古罗马知识的贫乏，根本分不清那满眼的断壁颓垣、遗石残柱是属于罗马共和国时期，还是罗马帝国时代。

穿过一条条幽静的大街，你既可能感受到两旁建筑的严肃和戒备，又要时刻准备接受"意外"之物的撞击——色彩艳丽的大教堂的突然出现，给我的就是这种感受。

位于市中心的主教座堂广场，是佛罗伦萨的宗教中心。

主教座堂又叫花之圣母大教堂，是世界上第四大教堂，是个地地道道的庞然大物。它是13世纪末行会从贵族手中夺取政权以后，作为共和政体的纪念，由众多艺术家、建筑家历时140年辛勤劳动的结晶。

它的设计严格按照意大利哥特式规格设计，横宽竖长，气宇轩昂，充分体现了文艺复兴时代的进取精神。

教堂的外立面由来自卡拉拉的白色、马雷马的红色和普拉托的绿色大理石按照几何图案装饰，呈现出活泼欢快的气氛，充分表现了建筑的时代风格。

最令人叹为观止的，是教堂拥有的世界上最大的、几乎与基座等积的穹顶——高91米，直径45.5米——在几百年前，这样的设计和施工，都可以说是一个奇迹。

进入教堂，地面是用五彩大理石铺砌的，四周则是栩栩如生的壁画。爬经436级楼梯，通过狭窄的螺旋形阶梯到达穹顶顶部，放眼四望，就如同顺着一架天梯到达了佛罗伦萨城的顶部，从半空中俯览，教堂周围精美的洗礼堂、著名的乔托钟楼，这些均称得上是意大利最美和最有意义的建筑物。

主教座堂及其穹顶是佛罗伦萨永恒的标志，无论距离远近，无论白天还是夜晚，你在任何一个角落，都能感觉到它的存在，它那雄浑的体魄永远让你感动。

佛罗伦萨拥有四十多个博物馆和画廊，而在我看来，整座城市本身就如同一座博物馆。

不必使用地图，也不必问路，漫步于市政广场，穿梭在老屋老桥之间，徜徉于教堂、钟楼、雕塑、喷泉旁，驻足在博物馆一件件精美的展品前，接触富有艺术气质的市民，流连于嬉戏成群的白鸽中，看着早上的阳光透过参差错落的屋顶洒落在脚下，街头音乐家在身边演奏着美妙的乐韵，那种感觉绝对令人毕生难忘，而旅途的劳顿更是在不知不觉中消失得无影无踪。

事实上，正是这些看似普通的街道，才是佛罗伦萨的生命。从狭窄的石砌甬道和大块的石材、暗黄色的墙壁和橙红色的屋顶，到百叶窗和铁花栅栏、顶部深挑的屋檐乃至路边的老式汽车，都让人真切地感受到这个城市独一无二的魅力。漫步在碎石铺就的窄小街巷里，浏览路边随处可见的雕塑和庄重大气的中世纪建筑，仿佛在倾听那些古代艺术家通过这些艺术杰作向你叙说他们的荣耀和骄傲……

在这里，我还看到了典型的欧洲街头艺术——芭蕾舞表演，活人雕塑，木偶表演，乃至人数众多的乐队表演。

在市中心广场上，几个人还把无数本装帧各异、色彩鲜艳的图书摆成一座围墙，吸引无数好奇的游客，探头探脑地要看个究竟——这是不是钱锺书老先生"围城理论"的后现代版呢？

陶醉于广场上的千姿百态，我举着摄像机到处拍摄，转来转去，乐此不疲，直到把自己转"丢"了！可奇怪的是，我竟然一点也不紧张，反而感到舒畅而刺激——在完全陌生的异国城市里，寻找归路的心情何尝不是一种特殊的体验呢？

在佛罗伦萨，购物也是一大乐事，就连哲学大师伽达默尔都念念不忘关于佛罗伦萨记忆中这种"很别致"的事情："在那里你简直什么都想买。这样我就买了一个带皮边的文件包，一用就是几十年，这件在还没有完全工业化的环境中生产的产品成了我们的传家宝。"

佛罗伦萨的购物区主要分布在圣洛伦佐市场、花之圣母大教堂和乌菲费兹美术馆一带，这里的高级专卖店与自由市场比肩而立，相映成趣。

有意思的是，行走在佛罗伦萨的街头集市，仿佛是走在北京的大街小巷，"你好"、"便宜"等中文词汇不绝于耳，就像人人会说的英文"Hello"、"Hi"一样熟悉。如今在意大利，来自中国的旅游者非常多，到这里经商开店的中国人更是随处可见，我们走进的几家老街区的商店，有一半是中国人开的。

据说，欧洲最早的一本关于如何同中国人做生意的书《买卖须知》，就是一位佛罗伦萨人写的。他在书中告之，欧洲的旅行者到契丹（中国）去时要"留长胡须"，带足路费，因为契丹的国王会把他们的银钱收去装入自己的钱柜，"然后换给印有国君印鉴的票子，商人可以用这些纸币购买你想要的丝绸和各种其他货物"。这恐怕是欧洲最早对中国纸币的报道。

如今，中国与欧洲的流通已经无所不在，如果在帕多瓦与维罗纳之间偏僻的乡间公路边见到醒目的中国餐馆标志，也不要大惊小怪，因为据说中国菜非常受意大利人欢迎，许多中国人闻风而至，专门在此做起了餐饮生意。

在中世纪的欧洲，几乎每一个城市都遭遇过天灾人祸的洗礼。历史上，光辉灿烂的佛罗伦萨也有暗淡无光的一页。

1348 年，佛罗伦萨爆发了一场可怕的瘟疫——鼠疫。据统计，仅在 3 月到 7 月，佛罗伦萨城里就死了 10 万人，郊外市镇和乡村也未能逃脱灾难。在这场浩劫中，有三名少男和七名少女侥幸活了下来。薄伽丘的《十日谈》就是以这样的时代背景作为作品的开头，随后写下了这 10 名男女青年在 10 天里所讲的 100 个故事。

尽管这些故事很多都带有虚构的成分，但小说开头有关这一疾病大规模传播的情节，却并不是因为表现上的需要而空想出来的。意大利著名的政治家尼科洛·马基雅维利在他的《佛罗伦萨史》中谈到那段时期就说："在这段时期中发生过一次令人难忘的瘟疫。乔万尼·薄伽丘对这件事曾有极其感人的描述。在这次灾难中，佛罗伦萨有 96000 人丧生。"可见，薄伽丘所写的完全是历史的真实。据文学史家考证，薄伽丘大概在这场瘟疫平息不久的时候就开始创作这部现实主义小说了。

雪莱对佛罗伦萨情有独钟。有一次，他在阿诺尔河中沐浴，不小心滑进了深水里，像一条鳗鱼似的沉了下去，但他自己却并不紧张，似乎压根儿就不打算再从水里浮出来。当朋友们惊叫着把他救出来时，他却半是玩笑半是认真地说："没有什么，我常常到水底去探索，因为真理和答案就在那儿……"雪莱一生中最美好的时光都是在意大利度过的，这个阳光明媚、鲜花妖娆的国度，也成了他热情的灵魂的最后安息地。

音乐大师柴可夫斯基游历到佛罗伦萨，在此写给冯·梅克夫人的信中说："早晨当我打开窗户的时候，迷人的景色就展开在眼前。佛罗伦萨郊外的奇景，大大地诱惑着我。……昨天我享受了一个很长的时间，却无法描述夜晚的那种完全的寂静。在寂静中你只听见阿诺尔河的水声，在远远的什么地方潺潺地流着……"他在给另一位友人的信中写道："如果您是一个音乐家的话，也许您也可以在深夜的寂静中听到一种声音，好像是地球在空间飞转而发出的深沉的低音似的。"

佛罗伦萨，一座流淌着浪漫主义情怀的城市，一座传奇而引人无限遐想的城市。它没有停留在历史文化的沉淀上，它的魅力就在于其在古老与现代之间的徘徊。在意大利，近代的荣耀绝对属于佛罗伦萨。

如今，注定与文化结缘的佛罗伦萨，依然充满了活力。它的永恒，在于每一回注目都印证着一个时代，每一个时代都酝酿着伟大的遗存，每一处遗存都散发着气宇轩昂的姿态，每一种姿态都构成了天地间的和谐，每一份和谐都辉映着时空的对视，每一次对视都胸怀着永恒的寄托。

23
帕多瓦的遗产

在佛罗伦萨、威尼斯和维罗纳三地之间，有一个小小的城市，叫帕多瓦。她不像佛罗伦萨、威尼斯那样浮名盖世，但她独具魅力，具有一种来源于文化的内在活力。

从佛罗伦萨到帕多瓦的路上，田园风光、乡村景色十足。

高速公路两旁是一行行的槭树和灌木丛，田地的周围也是树木葱茏，葡萄园到处可见，整齐的木桩上面爬满了葡萄藤，把远处的房舍遮掩了起来，只有教堂的尖顶，若隐若现。

帕多瓦是个文化古城，也是著名的大学城。除了一般的市民，这个城市的主体是学生。

帕多瓦大学建于 1222 年，是意大利最古老的大学之一。它最初由 1000 名学生创办，一度实行的是学生自治制度，教授由学生挑选，教学计划由学生制定，因此在大学史上被称为"学生大学"。

其实，在拉丁文里，"大学"一词"universitas"的渊源即出于此，原意是行会，意指大学是维护自身自治、反对当局干预的学生或学者的行会。这种学生自治形式使学校充满了自由清新的学术风尚，帕多瓦大学也由此成为16、17 世纪意大利乃至欧洲学者和学子的向往之地。

伽利略，近代物理学的奠基人，就是受帕多瓦大学宽松的学术氛围吸引，离开比萨大学而来此任教的。

17 世纪初，帕多瓦与邻近的威尼斯一样，是精神生活的中心。帕多瓦的人们经常自由讨论，他们关心科学的进步。在那个只要有人发表"偏激"（当时称为"异端"）言论，宗教法庭便无情搜捕的时代，像帕多瓦这样拥有自由的地方，是难能可贵的。

伽利略置身于知识界与艺术界，在帕多瓦度过了一生中最幸福、最有成果的 18 年。他在这里感受到了"巨大而又广阔的视野——不是就不断增长的知识而言，而是就获得更强有力、活生生的、源源不断的、新的生活阅历感受而言"。

他在讲台上为大学生们讲授力学、天文学，虽然那时还没有黑板和粉笔；他的办公桌上放着书和仪器，当然还有圆规、摆锤、计时沙漏和望远镜——他在天文学领域的伟大发现，就是在这里完成的。

但丁，是佛罗伦萨的骄傲，他被恩格斯称为"中世纪的最后一位诗人，同时又是新时代的最初一位诗人"，其代表作《神曲》是与荷马史诗、莎士比亚戏剧、歌德的《浮士德》相媲美的世界名著，是屹立在欧洲文明地标上的一座巍峨雄伟的高峰。文学史家论断，通过但丁，真正的诗歌和古代的智慧已经在 1000 年的昏睡之后"复活"了，正如真正的艺术仿佛又从一座坟墓里爬起来一样；随后"人性研究"的再生，包括塔西陀和西塞罗的书信的复原，标志着开辟了这样一个时代——它纵然不能与古典时代完全相等，却是文化所有领域里的崭新成就的开端。

但丁出生在佛罗伦萨一个小贵族家庭，自称是古罗马人的后裔。他自幼饱读诗书，好学深思，立志为家乡佛罗伦萨贡献自己的力量，于是从 1295 年起开始投身政治活动。然而，在纷繁残酷的党派斗争中，他在政治上失败了，并被判处永久流放。

1302 年，他从佛罗伦萨出发，开始漫游。一路下来，但丁在帕多瓦感受到了从未有过的自由空气。几年后，他在拉瓦纳完成了撼世之作《神曲》，其内在的功夫就是在这里练就的，而引导诗人走进"天国"的那片"幽暗的森林"、那座"曙光笼罩的小山"，就在帕多瓦。

有时，人的命运就是这样神秘，如果当初但丁一帆风顺地做着佛罗伦萨的行政官，还会有《神曲》诞生吗？当时的文艺复兴运动还会有那样大的声势和深远影响吗？今日的人们还会有幸领悟他的作品中那种人格的力量和深刻的思想吗？

但丁在被流放期间死于拉文纳领主博莱那达圭多的庄园，当领主的儿子向但丁请教做人的准则时，但丁回答道："你问得太多了。你应该把自己的力量和智慧献给自己的国家和君主，让上帝去把握命运这把神秘的天平。凡变节者没打的旗号会引导你行善积德。"

佛罗伦萨当年把但丁驱逐出境，并判处他死刑，在但丁逝世一个世纪后，却想要回但丁的骨灰，理所当然地遭到了拉文纳的拒绝。或许，这就是上帝的安排。

威尼斯共和国时期，帕多瓦大学享有高度的自由，学生们与教授平起平坐，在政治、经济和宗教上没有任何约束，在当时的欧洲大学中最早完成了向人文主义开放的发展过程。

亚里士多德在这里具有无上的权威，在 15 世纪的大部分时期，对亚里士多德自然主义的阐释在帕多瓦的哲学理论中占据着主要地位，所以随之而来的，帕多瓦的世俗生活也受到了自然主义传统流行的影响，与佛罗伦萨人那种纯粹从精神上进行探索的方法形成了鲜明的对比。

在帕多瓦，"晚间，街头灯光暗淡，已不再吸引人们争论政治经济问题，增添活跃气氛的是民谣歌手和吟游诗人，他们演唱骑士的浪漫故事、英雄冒险事迹和

◉ 遗韵

对美女的忠贞爱情。与此同时，青年人忍受不了进步的缓慢步伐，成群结队地拥入大学，由此又引出一番故事"（房龙《宽容》）。

如今，时光已经流逝了几百年。时过境迁，我们仍然可以在帕多瓦明显地感受到但丁所陶醉的那种特殊气氛。因此，一走进这座城市，扑面而来的，是年轻、自由、热情的气息，使人感受到这儿的一切都与知识、思想、青春有关。无论过去还是现在，活跃的思想总是影响或改变着这座城市。这里是文艺复兴艺术家汲取哲学精华之地，是信仰的磁石。

大学在西方文化史上的地位是举足轻重的，欧洲文化传统的一个基本因素，就是城市中的大学。它对发展科学和知识，推动人类文明进步发挥了积极作用。

即使是在中世纪的欧洲，大学也享有充分的学术自由，是令人兴奋的知识中心。"与现代的后继者相反，中世纪的大学是组织松散的社会，控制权由教师和学生争夺，视当地的机遇而定。一般来说没有什么捐赠基金，没有充斥'行政'大楼的官员，也没有理事会或政府控制，学生川流不息，形成了一个变动不拘、色彩丰富的社团。"（丹尼尔·J.布尔斯廷：《探索者》）大学活跃了当时的思想文化活动，促进了城市的发展和繁荣，在一定意义上为文艺复兴和宗教改革作了准备。

大学，是知识分子的精神家园，应该是一个能够诞生精神领袖的地方，而不应该仅仅是一个以独占的强势地位来制造文化领域的虚妄符号的地方。

一个社会不能让大学成为一个出思想的地方，那么这个社会就是有问题的。"大学之道，在明明德。"大学之所以是大学，就因为它是"大"、"学"——研究范围博大，研究视野广阔，研究学问高深；胸怀宽广，兼容并包，充溢着无形的灵性、文化的光芒和神圣精神。

"大学是大师之大学，而非大规模之大学。"国内风起云涌的高校合并风潮，似乎平息了许多，一些超级（仅仅是人数而已）大学应令而生，基础建设方面的投资也大得惊人，一片"超英赶美"的繁荣景象。高楼大厦，香车宝马，莘莘学子，芸芸众生，一时间大学变成了精英起舞、大众狂欢的游乐场和淘金地。此消彼长，纷繁中，大师们却在一个个地凋零，大学的灵魂也在一点点地丧失，西方大学历经千百年来炼就的个性与风骨，更是无从谈起。

其实，我们与世界一流大学的差距，更多的不是技术层面，而是精神理念。在欧洲，大学是清醒、独立、高贵、向上、博雅、力量的精神凝结，是面对世俗身正声朗，无所畏惧。

曾经，"创建世界一流大学"成为国内高教界的热门话题，然而有趣的是，在欧美国家，享有"世界一流大学"盛誉的，往往是那些学科门类并不齐全，学生也只有几千人的"小学校"。

以名列美国榜首的世界顶尖学府普林斯顿大学为例，她不仅拥有恬静的校园和优美的建筑，更充满着大师和"大爱"：她只有 6500 名学生，也不是综合性大学，但是却在诺贝尔奖 100 年的历史中培养出了 24 位获奖者！正是因为她的宽容和"大爱"，安德鲁·怀尔斯教授才有可能九年不出一篇论文，埋头苦干，静心研究，解决了困扰世界数学界长达 360 年之久的一大难题——费马大定理，最终获得历史上唯一的菲尔兹特别成就奖；她也允许患有精神疾病的天才数学家约翰·纳什静心地生活在校园内，并给予极大的关爱，终于使他在与病魔搏斗 30 年后获得了诺贝尔经济学奖，充分体现了人类应该具有的"美丽心灵"——这，恐怕是普林斯顿大学成为美国第一的真谛。

现代意义的大学，从中世纪的欧洲大陆崛起时，便是以"精神城堡"的姿态而非"职业培训所"的招牌昭示于人类社会的。

毋庸讳言，知识一旦被作为"先富起来"的工具，社会学家希尔斯意义上的"知识分子"——有一些人对神圣的事物具有天生的、非比寻常的敏感，对于宇宙的本质，对于掌理社会的规范具有非凡的反省力；在每个社会中，都有少数人比周遭的寻常伙伴更企求去探索和接触不限于日常生活具体情境的、在时空上更具广泛与久远意义的"象征"——就根本无从谈起了。

世界历史证明，任何民族和国家，如果要真正发展壮大并具影响力，物质固然重要，但更重要的是要具备"形而上"的"精神的高度"。而精神的高度的标志，就是造就属于自己民族的大思想家，就是拥有在理性背后有对正义的激情、在科学背后有对真理的渴求、在批判背后有对更美好事物的憧憬的真正的"知识分子"。

萨义德说："真正的知识分子是业余的。"学术水平不是规划出来的，大师也不是选拔出来的，规划与选拔的结果，只能是愈演愈烈的学术腐败，高薪招来的，也只能是更多的追名逐利之徒。

历史在继续。我们既要研究物质的历史，也要研究精神的历史，没有任何一种文化和文明能在自我封闭的状态中永恒。

英国著名哲学家阿尔弗雷德·怀特海说："大学的任务是创造未来，如同理想性思想和文明的鉴赏方式能够影响未来一样。"

我想，这个未来不应该是悲剧性的。

"全球化"时代的中国人，能不能从自身文化和外来文化的滋养中走向新的高度？

24
海风·鸽子·唱诗班

在艳阳下顺泻湖而行，
轻盈的刚朵拉以蓝天为底，
浮现于绿波之上。

——［德国］歌德：《意大利之旅》

"威尼斯"，听上去就是一个有情调、有风格的名字，此外，还有一丝忧郁的气质。

世界上的许多水城，都喜欢冠以"XX威尼斯"的名号，借以彰显其独特的魅力。威尼斯是水城之宗、水城之都，它的地理构型很特殊，整个城市浮在离陆地四公里的海边浅水滩上，仅西北方向有狭窄的四公里长的人工堤岸。全城由118个小岛组成，并以400座大小不一、形式各异的桥梁连成一体。城内大大小小曲折迂回的运河成为威尼斯的街道，其中最主要的大运河，全长3800米，从市中心穿流而过。威尼斯以河为街、以船代车，处处街巷绕碧水，家家都在画图中，是一座为世人仰慕的美丽城市。

清晨时分，汽车在亚平宁半岛与威尼斯的联络通道之一——1933年建成的、与1846年建成的长3601米的铁路桥并行的公路桥上行驶，海湾雾霭未散，耳畔只闻见海浪拍击的声音，却不见海水的光影，此时的威尼斯更像是一座在时空中溶化了的海市蜃楼。

汽车尚未抵达码头，一种从未体验的感觉便使我惊喜而痴迷——触目而来的柔波、微澜，阳光下潋滟一片——亚得里亚海独具风情。人们总有这样的错觉：当你一踏上这片脆弱而又十分荣耀的城市时，就会感到威尼斯将像海市蜃楼一样沉入海底。

在大运河的码头，成群的海鸥在晨光中迎风而舞。亚得里亚海上的风凉凉地吹着，与地中海和煦的暖风形成鲜明的对照。

登上装饰典雅的双层游艇，迎着海风，一边畅快地呼吸湿润的空气，一边贪婪地摄下徐徐展开的风景。

没有到过威尼斯的人，无法想象威尼斯的美；到过威尼斯的人，无法忘却威尼斯的美。

脚下的河，水中的船，映在亚得里亚海的天空下，闪闪发光。宫殿、穹顶和钟楼，晨曦中美妙绝伦的轮廓，构成了一幅浪漫主义的图画。眼前的整个世界都浸在水中：水的大街，水的胡同，水的"TAXI"，水灵灵的威尼斯！

奥地利作家茨威格有一首诗，写到威尼斯日出时的景象：

> 晨钟响起了。
> 所有的河道
> 都闪着颤巍巍、暗淡的微光，
> 永恒之城的轮廓脱去了
> 像梦幻一样的黑夜的衣裳。
> ……

此时，我正是在这耀眼的晨光里穿行。经常云雾笼罩的水城，今天云开雾散，给来自远方的客人送来了一个艳阳天。

难得的晴朗雯时给水城披上了蔚蓝色的风衣，金色朝阳的碎片，散落在所有的屋顶上和钟楼上，鸽子们迎着熠熠的光彩咕咕地、温柔地叫唤着……浪涛涌动，波光跳跃，海湾里一排排停靠着的"贡多拉"，随着海风的节奏轻轻地摇晃着，像是在向我们招手致意。

也许正是这浩渺的水造就了威尼斯的文明。到了威尼斯，政治学家会想起这里有过一个温和统治的海上共和国；经济学家会想起这里是统计学的发源地；社会活动家会想起这里诞生了伟大的马可·波罗；对于从事戏剧艺术的人来说，也肯定会想起莎士比亚的名剧《威尼斯商人》。

正像所有曾经威名显赫的城市一样，威尼斯也经历了一个由盛至衰的历史过程。

在最繁荣的时代，"威尼斯的节日和官方集会，大部分在水上举行，豪华的船舶鳞次栉比"。然而，如此盛大的水上庆典，恰是正在消逝的荣耀的最后余晖。到了 17 世纪初，曾经因支撑共和国的强大而享有盛誉的海军已趋衰落。随着美洲大陆和远东海路的发现，世界贸易大道渐渐远离地中海沿岸国家，威尼斯的商业因此而凋敝了，威尼斯的商人逐渐销声匿迹。1609 年，一位大帆船的船长哀叹道："昔日云集在城内的威尼斯船只，尤其是大船今天已经不见。外国船都不要威尼斯水手，老水手们只好去别处干活，新的水手又不再培养，以致水手这一行消失了。"

1728 年 8 月，孟德斯鸠游历到威尼斯，"威尼斯初看起来是迷人的，我不知道还有哪个城市能让人一见就这么喜欢住下"。他写道，"然而，某种麻木不仁的状态和悲观失望情绪，令人不敢直面这个国家的形势——没有比这样的国家更糟糕的了"。他在这里逗留了将近一个月，在离开威尼斯的前夕，他毫不犹豫地在给友人贝里克的信中写下了这样的话："这个城市保存下来的只是个名字了，没有了活力，没有了商业，没有了财富，没有了法律，剩下的只是美其名曰自由的放荡。"

其实，威尼斯从一开始就承认它自己是一个奇怪而神秘的产物。据雅各布·布克哈特在《意大利文艺复兴时期的文化》中的记载，这个城市庄严的奠基是一个圣徒的故事：在公元 413 年 3 月 25 日中午时分，从帕多瓦来的移民在现在市中心的一个叫做利亚尔图的地方安放了第一块石头，以使他们在野蛮人的蹂躏中有一个神圣不可侵犯的避难所。也正因为如此，雅各布·布克哈特指出，"后世的作家们认为它的建立者已经预感到了这个城市最终光荣的未来"，就不足为怪了。

或许正是因为这些"善恶交织"的情感，反倒使得后世的人们更加眷恋威尼斯。菲利普·德·科明曾说，威尼斯是"我所见过的最得意洋洋的城市"。而我所见过的每一个来到威尼斯的人，也无不洋洋得意。

初冬的威尼斯乍冷还暖，沿着亚得里亚海岸边，怀着激动的心情，向威尼斯的深处走去。

历史悠久的威尼斯由纵横交错、宽窄各异的水道隔开的一百多个小岛组成，听起来面积不小，实际上整个城区仅有 7.8 平方公里。市区离陆地四公里，古老漂亮的建筑就建立在浮在水面的上百个小岛上，成为举世无双、具有独特风貌的水城。

今天的威尼斯基本上还是 13 世纪的老样子，只有个别建筑物因进行过部分修建而改变了模样。

威尼斯街上没有车辆，除了"贡多拉"，游逛威尼斯只能步行。而步行的过程，常常是才走下一座小桥，又跨上了另一座小桥。

威尼斯的水源远流长，威尼斯的桥数不胜数。桥的名字也都非常有趣，如"拳头桥"、"赤脚桥"、"客气桥"、"麦秆桥"等等，其中最有名、最吸引人的，大概要算"叹息桥"和"里奥托桥"了。

叹息桥，是横跨总督府和监狱之间狭窄的府第河道上空的一座小桥，是威尼斯最著名的古迹之一。

该桥大约建于1602年。它的名气并不在于其建筑，而是因为19世纪的作家们常常在他们的作品中引述到这座桥并给它起了这么个别名。在数个世纪中，它一直是一条令人抑郁的通道——囚犯们被从监狱提到法庭审讯时，总要被迫走过它；审讯后再回到窄小黑暗的牢房时，还要穿过它。传说有一名死囚走过此桥时，看到自己以前的女友在窗前拥抱着新的情人，不禁潸然泪下，深深叹息——叹息桥因此而得名。

拜伦曾在《恰尔德·哈洛尔德游记》这首长叙事诗里写到叹息桥与威尼斯：

> 我站在威尼斯的叹息桥上，
> 一边是官殿，一边是牢房。
> 举目看时，许多建筑物忽地从河里升起，
> 仿佛魔术师挥动魔棍后出现的奇迹。
> ……
> 千年转眼即逝，
> 无限荣光在远处微笑。
> 远眺飞狮大理石桩，
> 威尼斯静坐在百岛上。
> ……

如今，桥上没有人叹息了，桥下却天天挤满了好奇的观光客。

据说，现在有一种更浪漫的气息，备受年轻人青睐：两个相爱的人各自乘坐贡多拉相向而驶，如果能够正好在钟声响起的一刹那到达叹息桥下，这时候一个轻轻的吻，即可使两人的爱情永存，白头偕老。昔日的叹息桥成了

◉ 著名的叹息桥

爱情的见证地，浪漫电影《情定日落桥》就是在这里取的景。

愿望是美好的，可问题是，并不是每一对恋人都这么好运，因为要在同一时间把乘船、过桥、钟声、接吻四个因素凑在一起，可能还需要一点特别的运气。所以，每对恋人在过桥之前，都暗暗地许愿，祈祷有个好运气。

也许有人对此不以为然，可是只要看一眼桥下一对对的恋人，在那么耐心地等待和选择时机，就会明白他们是多么的痴心。

其实，心由缘起，即使运气平平，错过了天时地利人和，只要身在威尼斯，在落日时分泛舟河上，迎着徐徐海风，听着贡多拉歌手和着风琴演唱的情歌，这种绮丽，即使单身一人，都有一种坠入情网的感觉……

里奥托桥地处最繁华的商业中心，其本身也是最为有名的商业桥。桥上商贾云集，游人如织，所有来到威尼斯的人必定会"到此一游"，凭栏而立，一睹大运河的华彩。

里奥托桥桥面宽阔，中央通道两旁是生意兴隆的专卖店，还有不少个性小店，有的店门虽小，探头一看，却别有洞天，精致的工艺品、首饰、书签、彩绘玻璃、灯罩，简直就是一个室内的小集市。

据说，这里的店铺一个月挣的钱一年也花不完，而生意之所以如此火暴，全在于莎士比亚的名剧《威尼斯商人》——剧中的夏洛克曾有一句台词说："我会向你买东西，向你卖东西，和你交谈，和你散步，以及种种；但我不会和你一起吃饭，一起喝酒，也不会和你一起祈祷。里奥托桥上有什么新闻？"由此，这个原先并不怎么起眼的地方随着《威尼斯商人》的广泛流传而蒙上了一层神秘面纱，并名声远播。

伊丽莎白·大卫写道："意大利市场中，就属威尼斯的里奥托桥市场最为惊人。初夏的曙光如此清澈宁静，让蔬菜和鱼个个燃起了自己的生命，带着自然的艳丽色彩与刻画鲜明的线条。"世界各地来威尼斯旅游的人，并不只是冲着水巷、广场和鸽子，领略里奥托桥的风采也是许多人的内心渴望。毕竟，对外国游客来说，知道威尼斯是从《威尼斯商人》开始的，是从里奥托桥开始的。

或许是威尼斯的缘故，连集市也染上了一些清幽的气质，多是个性小摊，而没有流行文化的嘈杂。

歌德说："参观威尼斯，要用艺术家的眼光。"这里的每一座桥，都是一幅充满风情的艺术画，水边桥头，总是拥塞着用镜头捕捉风景的游人，水边酒吧与咖啡馆中弥漫着的啤酒清香与咖啡浓香，也惹得每一个人都不得不驻足桥头，深深地嗅上一嗅，不愿离去。

圣马可广场，是威尼斯的圣地。来到这里，就像来到了另一个世界，它比威尼斯任何地方更能代表威尼斯贵族般的精神和性格，当年拿破仑第一次看到熙熙攘攘的人群在装饰华丽的广场上徜徉，不禁将这里称作"欧洲最棒的画室"。

广场面积很大，两边有相通的拱廊，掩藏着各种名贵商品的专卖店。拱廊前有露天咖啡座，游人们或在此小憩，或与成群的鸽子嬉戏。

在这里，人与鸽子组成了欢乐祥和的世界。这里的主角绝对是鸽子，它们像狂欢一样跃动着，飞到你的头上、肩上、手上，觅食一般与你亲近。尤其动人的场面是，当悠扬的钟声响起的时候，鸽群顿时腾空而起，盘旋飞舞，势若垂天之云，蔚为壮观。

鸽子在基督教国家中有特殊的意义——圣母玛利亚就是通过鸽子的"活动"而怀孕的。一首关于天神报喜的诗里写道：

> 最漂亮的鸽子，恰恰栖落在最敏感最可爱的地方，
> 爱情在那里刚开出玫瑰花，

它以其羽毛遮掩了它一段时间，
两翅欢快地颤抖。
……

圣马可广场的入口处，伫立着圣马可钟楼，钟楼大约有 100 米高，威尼斯人称它为"大老板"。

登上钟楼，在伽利略试验天文望远镜的地方，可以尽情地观赏风光宜人的威尼斯城及大水道全貌，远方的阿尔卑斯山也清晰可见。

作为圣马可广场主角的圣马可教堂，供奉着圣马可的遗体，是威尼斯辉煌的象征。耶稣门徒圣马可是圣经《马可福音》的作者，被威尼斯人奉为守护神，传说在公元 828 年，两名威尼斯商人强行闯入埃及亚历山大城的一座教堂，盗走了圣马可的尸体，并将其运到了威尼斯，而圣马可教堂就是为供奉遗体而修建的。

教堂呈希腊十字形三殿式结构，有五个具有东方艺术风格的圆顶。外立面有五个拱门，每个门洞上都刻有《收回福音布道者的尸体》故事中的一个场面。教堂内部空旷而威严，当眼睛适应了昏暗的光线，它又变得迷人而亲切。镶嵌画的面积几乎覆盖了所有的拱门和穹顶，若不用灯光照明，教堂内唯一的光源就是闪烁不定的油灯，及透过穹顶窗户射在地面和墙上的阳光。

时值星期天，教堂正在做弥撒。四周万籁俱寂，深沉的风琴声弥漫开来，唱诗班甜美的合唱使这里充满了美妙的旋律，宛如欢乐的河水从最深处倾泻奔流而出，宽广、自然、明朗，宁静、圣洁、温暖，充满古风的肃穆，天籁般清澈、柔和，有着抚慰心灵的甜美。音乐回荡在广场上空，旋转着慢慢随风飘去，令人生出些许历史的悲凉。

对教堂音乐的神圣效力，我从未感受得如此深切。

广场连拱长廊下面，游客闲散地坐在咖啡桌前，享受着海风与鸽子共舞、钟声与歌唱齐鸣的威尼斯风情。

威尼斯人喜欢在街头巷尾闲聊或无所事事地放松，在他们心中，大小广场和街道就像自家的客厅一样随意。所以不分日夜，圣马可广场总是聚集着男女老少，或是手拿米粒喂食鸽子，或是坐在咖啡座上畅饮，或专注欣赏街头音乐家的演出，或只是白天晒晒太阳，夜晚数数星星，尽显威尼斯人的悠闲。

整个广场都弥漫着咖啡的幽香，在这里的咖啡馆喝上一杯，价钱绝对是世界上最贵的。但是谁都认为值得，因为只有这样的价钱，才配得上威尼斯，而不仅仅是一杯咖啡。

在广场一角的一家咖啡厅里，一把十分普通的椅子引起了我的注意：椅子背上拴着一根红绳，上面悬着一个小牌子，牌子上写着"福楼拜先生曾坐此椅"。据说，因为这个牌子，这家咖啡厅天天高朋满座。

这就是莎士比亚笔下威尼斯商人的聪明和狡黠，不知道曾在此地著名的 Florian 咖啡馆里坐过的巴尔扎克和马克·吐温对此有何感想。

圣马可广场受到的赞誉是世界上其他任何一个广场所无法比拟的。东方异国情调和西方古典主义的融合，自然而然地成为它最具诱惑的一面，激发着诗人、作家和画家们的灵感。

回顾威尼斯的艺术灿烂时期，其在西方艺术史上的地位只有佛罗伦萨和罗马能与之抗衡，它在建筑和绘画方面独树一帜，采用从尼德兰传来的油画技法，在运用色彩方面甚至胜过了佛罗伦萨画派，形成了自己的风格，爱好光影与鲜艳色彩的威尼斯画派，对整个西欧绘画艺术产生了深远的影响。

据说，圣马可广场最美丽的时刻是海水涨潮的时候。当海水浸满广场，并且淹没了长廊的走道，这时，广场波光粼粼，就像一面巨大的银镜，所有的建筑物都倒映其中。

可是能遇到这种场面的机会并不多，因为每年只有几次。当地人说，外地游客要是遇到了，那是很有福气的。可惜我没有这个眼福。

在威尼斯，还有一个人，对我们中国人来说几乎没有不知道的，他就是马可·波罗。

公元 1271 年，17 岁的马可·波罗跟随父亲尼科罗、叔父玛浮从威尼斯出发，开始了横跨欧亚大陆的探险旅程，最终到达了忽必烈的"中央帝国"，并在"帝国"的首都居住了很多年。

后来，马可·波罗把他 24 年多姿多彩的历程记录成书，并夸张地取名为《世界行记》，向世人揭示了一个以前没人描述过的世界。

威尼斯以众多纵横交错的河流在世界上独一无二，其中最著名的是大运河。大运河在威尼斯的地位，就如同香榭丽舍在巴黎的地位，它大摇大摆地流过威尼斯的中心，实际上成为这座城市的大街。普鲁斯特在《追忆逝水流年》中写道："我的贡多拉小船顺着运河河道而行，运河好比精灵的魔首，引导我穿越这东方的迷宫。"

大运河的岸边也有许多风格各异的咖啡馆，漆着艳丽色彩的老房子，积满黑色斑迹的木梁上挂着老式吊灯，空气中到处弥漫着浓郁的芳香，人们三

感受老欧洲

三两两地坐在那里,悠闲地呷着咖啡,透过精美雕饰的窗户,看着来来往往的游船,而来来往往的游船上的人们,又把这里作为他们水上旅途中的风景,移步换景,相映成趣。

威尼斯给人的印象始终变动不拘,即使是那些自以为对她了如指掌的人,也会发现这是座眩目迷人、不可捉摸、如梦似幻的城市。

阳光与河水交互辉映,波光粼粼,无休无止。在威尼斯乘坐举世闻名的平底小船贡多拉,就像在马德里看斗牛、在北京吃烤鸭一样,是这个城市最经典的享受。

小船在丝一般的河面上轻快地滑行,两岸爬满绿苔的古老建筑模糊地被甩到脑后。威尼斯的房屋建造独特,地基淹没在水中,整座城市像是从水中升起。"在小城的底部,无数贝壳附着在一动不动的海藻类植物上,贡多拉在美丽如天鹅绒般的水中荡漾着。"乔治·桑这样写道。

初冬的威尼斯,夜晚已有些寒意,但所有人的兴致都丝毫不减。

远近交织的明亮灯光映在深蓝色的海水里,小船宛若在仙境中遨游。岸上最热闹、最明亮的地方,都是饭店、酒店。一幢接一幢的楼里,点点的灯

◉ 桥上、桥下,左岸、右岸,威尼斯就是在这样独具特色的景致中流转千年

光如同天上的星星，疏密有致地点缀着天空。

威尼斯市中心的居民不到 10 万人，世界各地的游客几乎扮演了威尼斯的主角，五光十色的娱乐和天南海北的语音，给威尼斯抹上了一道亮丽的景色。

俄罗斯大画家列宾曾经说过："在威尼斯，一个最下等人家的烟囱，仿佛都是由某一位惊人的建筑天才设计和修造的。"此话不假。运河两边，多半是宅邸别墅，虽然有的墙宇颜色剥落，但仍能显示出画栋珠帘的豪华规模。新旧建筑物，既能展示威尼斯的古老与原始，又反映了当今人们的生活气息。

水巷两边的人家得天独厚，家家都有临河的门，门前多停着房主人自备的小摩托艇或游艇。每隔几十米，便有条运河，水道纵横交错成了一张水网，从任何一条水道望过去，都能看见无数形状各异的桥横跨着，小舟就在这些桥下穿梭往来，透发出中世纪的古董意味，承载着威尼斯的现在与未来。

威尼斯是个天堂，上帝赋予它一个最美丽的结局——总有一天，整个威尼斯会沉到亚得里亚海的水底里去。

每个城市都可能消失，但梦想不会消失；每个人都会死亡，但梦想不会死亡。一代一代的梦想，使人类永远充满希望。

25
维罗纳：朱丽叶的家

罗密欧，你在哪里？

——［英国］莎士比亚：《罗密欧与朱丽叶》

　　坐落在威尼斯和米兰之间的维罗纳，也许是意大利最具优雅风情的城市。

　　或许因为她的古老，或许因为她的单纯，维罗纳在欧美国家中知名度很高，总是吸引着一些特殊的旅游者。

　　而在许多年轻人看来，去维罗纳或许只需要一个理由——爱情。

　　黄昏时分，汽车驶进了维罗纳。

　　这是一座历史悠久的城市，它北靠阿尔卑斯山，西临米兰，东接威尼斯，南通罗马，地理位置十分重要。发源于阿尔卑斯山的阿迪杰河呈 S 形穿城而过，使这里风景绮丽，安详迷人。

　　维罗纳完全由当地盛产的粉红色大理石建成，整个城市都笼罩在一种玫瑰色调之中，仿佛夕阳永远照耀着一样。

　　城区街道上精雕细刻的门面鳞次栉比，交织相错。漫步在台阶和步道相间的石板路上，可以更贴切地领略这些令人眩目的建筑——这里完全可以充当拍摄文艺复兴时期电影的背景地。

　　不过，让维罗纳城名震世界的，并不是这些，而是因为她是莎士比亚的名剧《罗密欧与朱丽叶》的故乡，罗密欧与朱丽叶生死相恋的地方。

　　意大利是莎士比亚戏剧故事的发生地，其中最脍炙人口的，恐怕就是

《罗密欧与朱丽叶》了。据史家考证，莎士比亚笔下不朽的凯普莱特家族和蒙特格家族的确存在，罗密欧与朱丽叶也是维罗纳城内的真实人物，只是剧中的情节多半是虚构的。

华灯初上，维罗纳的夜晚充满浪漫迷人的气息。著名的古竞技场遗址，灯光下明暗有致，端庄泰然，依稀可辨昔日的辉煌。"他们追求的是华丽和力量的效果。"剑桥大学艺术史教授戴维·瓦特金对古罗马剧场的评价，同样适用于维罗纳的古竞技场。

这座距今已有 2000 年历史的古罗马建筑，其结构与罗马的斗兽场相似，只是规模略小，但依然以其世界第二大古代露天剧场且保存完好、每年在这里举办夏季歌剧节而享誉全球。

夜晚的古竞技场或许更接近它原始的气质，喧嚣的白天是现代人的附加，黑暗中的冰冷和坚硬，才能使它经受时间消逝的考验——古罗马的灵魂就是以这样的方式生存，就像一个人在失落了躯壳后只留下精密完整的大脑——而后来者只能看得到它孤绝华美的外表。

的确，就在离古竞技场不远的一个广场上，热闹的圣诞市场上人如潮涌，各种美食飘散着诱人的香气。来来往往的人们格外喜气洋洋，仔细一打听，原来是维罗纳足球队刚刚赢得了一场意大利足球甲级联赛的主场比赛，全城都沉浸在节日一般的气氛里！

穿过灯火灿烂的繁华街巷，从市中心拐入一条安静的小巷——卡佩罗路，在一个标着 27 号的黑色拱形门洞，挂着一块灰色的门牌，上面简简单单地写着：罗密欧与朱丽叶。

这是一个典型的中世纪风格的院落，鹅卵石地面，院墙上爬满了常青藤，看上去略显破旧，既不壮观也不豪华，但却是最吸引人的地方——朱丽叶的故居。

自 16 世纪末沙翁名剧问世以来，特别是好莱坞和意大利的电影制片人多次将这部名著搬上银幕之后，这里就成为全世界年轻人心目中的爱情圣地，无数人就是循着一个信念，不远万里来到这个小城深处，瞻仰、凭吊一番，然后带着这个信念满意地离去。

朱丽叶故居的院子空间不大，再加上游人攒动，所以显得狭窄局促。院子的中央，立着一尊朱丽叶的全身铜像。有意思的是，不用仔细端详，就能看见朱丽叶的右乳显得锃光瓦亮，在黑暗中就像一盏明灯，闪闪发光。

原来，据说每一个到这里的游客只要摸一下朱丽叶的右乳，就能得到美满幸福的爱情。每一个来到这里的人，无论男女老幼，也都要在此留照存念。

打量朱丽叶的塑像，不由得想起罗密欧在凯普莱特家族阴森的墓室里，面对休克的朱丽叶说的那句话："噢，朱丽叶，你为什么还是这么美丽！"

在朱丽叶铜像的左侧上方，就是沙翁笔下那座令无数青年人神往的大理石阳台——当年罗密欧与朱丽叶常常幽会的地方。

院子中右侧的一个房间，专门出售与罗密欧、朱丽叶有关的纪念品，尤其是红色的心形物品到处都是，煞是惹眼。

出口处的石墙，早已被风雨剥蚀得斑驳破旧，凡是伸手能及的地方，上面都密密麻麻地写满了爱情留言，画满了丘比特神箭和心形符号，把原本陈旧灰暗的墙壁装点得五彩缤纷——这就是人们津津乐道的"爱墙"。

意大利语、英语、法语、德语、西班牙语……不同的民族，不同的国度，不同的性别，不同的信仰，各种文字，各种形式，各种颜色，各种心情，都有着相同的感悟，表达的都是一个简单的意思：不求永久，但求拥有。

在这个地方，仿佛置身于"爱情画廊"，每个人都能深刻感受到爱情的力量——世界浩大只是两颗心的空间，芸芸众生只有两个人的踪影。

由于维罗纳是罗密欧与朱丽叶秘密结婚的地方，所以每年都有不少情侣专程从世界各地赶到这里结婚，为的是要像罗密欧与朱丽叶一样，誓死捍卫爱情。但在维罗纳，朱丽叶却受到绝对的偏爱：全世界无数人写来情书，无论男女都是写给朱丽叶的；成立一个俱乐部，名字也只叫朱丽叶。在维罗纳，除了朱丽叶的故居，她的墓地也成了这里的盛景之一。

相比之下，罗密欧就有些受人冷落了。其实，罗密欧的故居距离朱丽叶家并不远，往北穿过一条小街，步行 10 分钟左右，就到了位于斯卡里杰利街 4 号的一座院落。这也是一幢相当古老的房屋，墙壁破旧，大门紧闭，只有门口上方的一块石碑提醒着人们它的与众不同——上面刻着沙翁剧中那句著名的台词：噢！罗密欧，你在哪里？这是罗密欧遭放逐后，朱丽叶在思念中常常发出的深情的低唤。

一个民间的爱情传说，经过莎士比亚的点石成金，成为感动全世界的爱情经典。然而，每当夜深人静，善男信女们渐渐离去另寻欢乐的时候，只有孤独的朱丽叶在这里守候。

历史翻过了一页又一页。进入 21 世纪，白头偕老的爱情观日益淡薄，琼瑶式的神秘爱情故事也已经没落，占据时代新潮的是市场经济条件下的"交易型爱情"。

怀旧的人们一边痛惜过去那些美好的消逝，一边又不得不面对残酷的市场逻辑的洗礼，接受上天赋予的罪与罚。

其实，善恶美丑如影随形，好与坏相辅相成，"一方水土养一方人"，好的社会表里如一、光明正大，坏的社会阳奉阴违、鬼鬼祟祟，但却绝对没有一种尽善尽美的"理想国"。

我们一直在谈进步与发展、现代化与全球化，楼房越来越高，汽车越来越多，GDP越来越悬，但也仅此而已，精神与文化上的美好却早已随之烟消云散，这无疑是我们这代人可笑而可悲的宿命。

进步与发展是美好的字眼，但并不意味着这些词可以滥用，人类的历史早已提醒了我们这一点。文化的失衡导致文明的消失，这也绝不是危言耸听。

从1993年起，维罗纳市文化局与朱丽叶俱乐部别出心裁地设立了一个"亲爱的朱丽叶"情书奖，并在每年的2月14日情人节这天举行盛大的颁奖典礼。

这些写给朱丽叶的情书无论是喜是悲，都充满了真挚的感情，内容也十分丰富，有的是出于对朱丽叶的崇拜，向这位女神倾诉爱慕之情；有的是在追求爱情的道路上遇到了与朱丽叶相似的遭遇，所以同病相怜，向这位异国知己倾诉自己的不幸；还有的是托朱丽叶为他（她）们向意中人传情递意……这些来自世界各地的情书用各种文字写成，英语、法语、德语、意大利语等自不必说，而且还有日语、菲律宾语，甚至还有阿拉伯语和波斯语。这些语言，表达着不同民族的爱情观，以及不同的爱情观给他们带来的不一样的喜悦与哀愁。

然而，令人遗憾的是，迄今为止，朱丽叶还没有收到一封发自中国的"情书"。

无论是意大利的罗密欧与朱丽叶，还是中国的梁山伯与祝英台，他们的故事之所以千古流传，皆因那或是一个古老的现实，或是一种美好愿望的寄托。

26
阿尔卑斯山的魂

> 这山是个好地方，
> 滋养身体，滋养心灵，
> 让人觉得生活充满阳光。
>
> ——[瑞士]约翰娜·斯比丽:《海蒂》

乘车穿越阿尔卑斯山雪峰，就如同乘坐游艇横渡太平洋，乘坐宇宙飞船遨游太空，听起来就令人激动、疯狂。

汽车从维罗纳出发，沿着高速公路驱车驶向西北。

掠过连绵不断的草坪和草坪上的奶牛、围栏、尖顶教堂，掠过陡然闯入视线的垂直于蓝天的黄石山体，汽车越来越逼近阿尔卑斯山了。

转眼间，犹如横空出世，一座巨大的山体扑入眼帘。

抬头望去，一座座尖如宝剑的山峰，直指蓝天，直逼眼前。

蜿蜒起伏的山峦、白雪皑皑的山峰、郁郁葱葱的松林、波光粼粼的湖泊，纵横交错；山谷中的村庄、峰巅上的古堡，若隐若现，似真似幻。

这，就是阿尔卑斯山！

阿尔卑斯山是欧洲第一大名山。它巍峨耸立在欧洲中陆，绵延1200公里，平均宽度200—300公里，从尼斯开始，一直到斯洛文尼亚，是中欧与南欧的天然分水岭。

这里常年阳光充足，气候温和，风光独特，吸引着来自世界各地的众多游客。

朱自清曾来过这里，他是这样说的：“起初以为有些好风景而已，到了那里，才知道无处不是好风景。”

阿尔卑斯山分东西两段，东阿尔卑斯山与西阿尔卑斯山之间，是著名的布伦纳罗山口，海拔1375米，是整个阿尔卑斯山脉最低的裂口，也是最好走、最古老的山口。

在古代，特利亚特人在这里开辟了一条赶骡的小径，后来罗马人修了马车道。13世纪末，威尼斯人把布伦纳罗山口改造成可完全通车的大路，商品经由这里可以通往因斯布鲁克、奥格斯堡、慕尼黑和法兰克福。在中世纪，这条山路是皇帝和国王们出游或行军的道路。而对18世纪以前的旅行者来说，翻越阿尔卑斯山还是一件使人惊恐而乏味的事情，但是在胆战心惊地走过了紧挨着悬崖的小道，挣扎着爬上那几乎难以攀登的高山，在经年不化的积雪中忍受了寒冷、荒芜和满目凄凉的极端无聊之后，他们就会发现意大利是个人间天堂。

如今，著名的高速公路已将南欧北欧贯穿了起来，旅行者再也不用心怀畏惧，所以每到夏季，这条路上就车满为患，拥堵着北欧人的车辆，而一有机会，他们就开足马力，呼啸而过。在绚丽的夏日傍晚，从阿尔卑斯山脉一路而下，直达地中海、亚得里亚海的旅游胜地，的确是一种真正的陶醉。

南欧与北欧之分，即在阿尔卑斯山系，而奥地利恰在分水岭上。

意大利、奥地利、德意志，在阿尔卑斯山互为疆界，过去这里一直是兵家必争之地，但如今随着欧盟大家庭的建立，这里没有了一点国与国之间的界线。如果稍不留意，汽车就不知什么时候从意大利驶进了奥地利，又从奥地利驶进了德意志，而这中间竟会将我们认为是最常识的想法都打破——没有界碑，没有界标，也没有高高飘扬的国旗——人为的藩篱就这样永远地消失了。

汽车在山区蜿蜒的高速公路上前行，时而陡峻，时而舒缓。隧道并没有地中海沿岸那么多，但高架桥却一座连着一座。

中午时分，在距奥地利的奥林匹克之城——因斯布鲁克不远的一个叫做施瓦茨的小镇停留、就餐，呼吸新鲜空气，拥抱大自然。

在路边的一个餐馆里，靠近窗子坐下，一边品尝美味的德式烤猪肉，一边欣赏窗外绝佳的美景——这种每个人都梦寐以求的情景，一个人独享，确实有些奢侈。

我一直以为如此壮美的景色只有在远离尘世的净土才能见到，才能一睹大自然神奇的真容。然而今天，在这里，我这样轻松地看到了。

感受老欧洲

这里具有典型的阿尔卑斯山风光：灵异的地形，如画的草原，茂密的森林，英俊的雪山，澄澈的湖泊，典雅的木屋……

早就听人说到欧洲旅游需要三次，第一次是初游欧洲，横扫欧洲大陆和英伦，尽可能多地拜访那些历史遗迹和艺术珍宝；第二次出游应找一个国家、一片地区，做深度探访和品味，如法国、意大利、奥地利等；第三次就要锁定一个小镇或一个小村庄，小住一段，品味宁静的天人合一的美。

而眼前的景色，就足够令人感到震撼：前方白雪皑皑的雪峰一字排开，山形俊美，棱线分明；在群峰的护卫下，田园风光尽收眼底，令人心旌荡漾。从见到阿尔卑斯山宽大的肩膀、伟岸的身躯的那一刻起，它就成了我记忆中的永恒。

◉ 远山的呼唤

推开窗，一股清新的、带着凉意的空气扑面而来，透明的景观同时映入眼帘：蔚蓝色的天空下飘着朵朵白云，覆盖着皑皑白雪的阿尔卑斯山云雾缥缈，连绵不断，偶尔从云雾中露出的雪山如同少女的肌肤，晶莹而有质感。

半山腰袅袅的炊烟在各色的屋顶上飘摇缭绕，和云雾融为一体，升腾着、舞动着、变化着，如诗如画，如梦如幻。

不时有滑翔伞的爱好者从这里的草地上向前猛冲，然后冉冉升起，像一朵朵彩云向远方飘去。

阿尔卑斯山还是徒步旅行者的天堂。在雪线以下的草地上，蜿蜒着一条条徒步旅行的小道，这些道路都经过精心的设计和修整，沿途的草地上各色的野花争奇斗艳，一座座木头搭建的农舍参差错落地点缀在草地上，不时还会碰上脖子上晃动着牛铃的温顺至极的阿尔卑斯山乳牛，这种田园牧歌式的优美情调与雪峰高耸、溪流逶迤的壮美景观结合得天衣无缝。

阳光明媚的山谷中，分布着舒适宜人的小山村。山村四周的原野非常美丽，在皑皑白雪之下，就是郁郁葱葱的草地，修剪整齐的草坪随着丘陵似的地形铺展开来，德意志风格的红顶或黄顶的房屋点缀其间，线条简洁，色彩沉静。

薄薄的雾气中，草地、森林就像笼罩着一层轻纱，衬托着远处的湖泊和雪山。

顾不上拂去挂在裤角的湿漉漉的露水，我尽情地投入了这一片绿草如茵、野花飘香的大自然的怀抱。

和煦的阳光照在身上，驱走了刚刚过去的一场小雪带来的几分寒意，顿时觉得暖洋洋的。

漫步在柔软的草地上，环顾弥漫的岚烟，高拔云天的山峰随时随地扑入眼帘，山间的速降滑道也历历可见。

白雪蓝天之下，乡村教堂的尖顶若隐若现，三三两两的牛群在悠闲地吃着草。四周山峦寥落，草木葱茏，到处微风荡漾。

这里，抬头望雪山，低头见草地，空气清新，环境幽雅，民风古朴，生活安谧。

心灵在这样的天地间游荡，仿佛更充分地得到净化，有如水银落地，完整无瑕，丝毫不与尘埃混合。如果不是同行人的一声声呼唤，真的不敢相信这是实实在在的风景。

施瓦茨，我从未听说过的名字，然而它却让我始终难以忘怀。

更确切地说，它应该是一座小山镇，是一个充满禅意的空灵通透之美的地方。

小镇出奇地安静，虽然是中午时分，也几乎看不见人的身影，只有自然界的一切，不管是已失去生命、完全裸露在地面的树根，还是千姿百态、形状各异的石头；不管是静静流淌着的溪水，还是款款移动的云雾；不管是生意盎然的绿色，还是争奇斗艳的花卉，都在静默中自由自在地生长，无言地诉说着生命的真谛和魅力。

置身于此，我恍若漂浮在没有人烟的旷野，慢慢地，人和山野融为了一体，分不清是我在观赏风景，还是风景中本来就有我。

一切都是那么的静，那么的空，静的悠远，空的灵动。

在这空灵之中，思想杂念开始沉淀，心也变得没有滞障，变得澄明透亮。

感受老欧洲

山明水秀，静谧亮丽。在这里，就像陶渊明笔下的"桃花源"，即使走错了路，也不会觉得冤枉，因为所有的景致，都像是在梦里见到的那般，美丽而虚幻。

以往，欧洲列国的政治家们往往把阿尔卑斯山看成是一道地理屏障，而不是一笔巨大的自然遗产。而如今它也受到气候变暖的威胁，据意大利的一份研究报告表明，阿尔卑斯山 1300 个冰川在最近几十年中已有 40%开始融化、消失。

初冬的奥地利，依旧是明净的湖水，依旧是绿色的森林，依旧是透明的蓝天，到处是白色的山峦，远远近近高高低低明明暗暗，就像舒伯特的艺术歌曲，或是勃拉姆斯的钢琴三重奏。

因斯布鲁克，意思是"莱茵河上的桥"，是布伦纳罗山道中的著名城市，坐落在奥地利西部阿尔卑斯山各关隘交会的山谷里，它是德国到意大利的必经之路，也是奥地利从西到东的枢纽。

因斯布鲁克初步形成于 1180 年，1420—1665 年期间是著名的哈布斯堡家族的居住地。

置身因斯布鲁克，给人最强烈的感觉，就是阿尔卑斯山仿佛就在眼前——人们甚至可以从市中心直接乘索道缆车到达这里的最高峰——哈费勒卡峰。

由于这里是通往阿尔卑斯山各滑雪胜地的门户，就使得因斯布鲁克成为欧洲最受欢迎的冬季度假胜地和冬季运动爱好者的天堂，也因此成为 1964 年和 1976 年两届冬季奥运会的举办地。

青山不老，人生苦短。当我们即将乘车离开这里的时候，我才真切体会到佛莱芒作曲家伊萨克那首忧伤的歌曲《因斯布鲁克，我必须离开你!》所表达的眷恋情怀。

因斯布鲁克，的确是一个让人不忍离去的城市。难怪 1519 年当德意志皇帝马克西米连一世病倒在这里的时候，他的遗愿只有一个：死后葬在因斯布鲁克（他的继承人费迪南一世把他的灵柩运到这里，在方济各会教堂为他修建了一座陵墓，从此他在这里得到了安息）。而当年哈耶克与他的兄弟们在这里放学之后就可以弃城登山，该是何等的幸运与令人羡慕啊!

阿尔卑斯山之旅最动人心魄的一段旅程，是在去新天鹅城堡的路上。

离开因斯布鲁克的时候，夕阳已将白雪覆盖的群山峻岭染成了金黄色，四周一片圣洁与祥和。

汽车驶进群山环抱之中，在高山峡谷、湖泊森林中穿行，如同进入了白雪公主与七个小矮人的童话世界。

随着高耸的山峰一个接着一个地展开，眼前奇丽的景色愈发无限壮观。

山坡苍翠挺拔，山脚下的油油绿草与山腰上的幽幽森林连成一片，绿茵如毯般舒缓地铺满大地。

高山上有一条分明的雪线，其上白雪皑皑，其下绿草茵茵。

山坳中历史悠久的小镇静谧安宁，星星点点的尖顶小木屋簇拥在鲜花与绿草之中，湖水倒映着雪山森林，一派"平常人家，世外桃源"的景色。

据说在中世纪，在阿尔卑斯山区的许多地方，农民们都有两个家——一个是永久性的住所，周围是已经开垦的土地，另一个是在高山牧场附近的夏季小屋，掩映在乔木、白雪与奇峰之间。

在这样的地方，心就如同吃多了樱桃的黄鹂鸟，一下子就醉了。

当从森林中再次钻出时，眼前一下子豁然开朗，呼吸也跟着舒缓起来。而就在喘息之间，又一处突如其来的美景撞入了眼帘，随后，惊喜便又被忐忑的期盼所替代，因为山路又一头扎进了群山之中……

到处是参天笔直的冷杉，山形陡峭，地势高峻，深山湖泊，高架渡桥，浓密的树林，湿润的空气，在壮丽巍峨的路途中，欣赏这变化多端的景致，犹如小时候读过的格林童话中的人间仙境。

德国被誉为古堡之国。泛舟河上，两岸小山中不时出现旧日古堡；乘车飞驰在山谷中，抬眼可见山腰上耸立着与周边景色浑然一体的古堡；林中漫步，幽静的湖畔拥有的风景也是一座古堡，徜徉之间仿佛时光倒流回了中世纪。

格林童话中许多美丽动人的童话故事和民间传说，就是发生在这样神秘的古堡和森林里，如美丽善良的白雪公主、聪明伶俐的小红帽。

茂密的森林，清澈的湖泊，古老的传说，白雪覆盖下的尖顶城堡，这个童话中的世界，只有在阿尔卑斯山才寻觅得到，再加上夏多布里昂的描述："远远望去，每一座城堡仿佛都是一位在风中长发飞扬的佳丽……"那城堡便永远留在了心中。

峰回路转之际，只见洁白的新天鹅堡突然出现在眼前，那一瞬间的震撼简直令人窒息：阳光下终年积雪的阿尔卑斯群峰如镶金边，仿佛大自然气势磅礴的顿挫，就在湛蓝湛蓝的高山湖泊旁，一座美丽的城堡翘然耸立，犹如展翅欲飞的天鹅。

这完全是一个童话的境地，就如同童年时所有的梦境一样，在眼前展现开来……绝非人间的想象力可以达到。

新天鹅城堡建于 1869 年至 1888 年，是巴伐利亚国王路德维希二世的杰作，也是他最后的一座宫邸。

这位西茜公主的表哥，是一个伟大的梦想家，他一生热爱音乐和艺术，梦想建造一座中世纪骑士风格的城堡，最终，他将最美的幻境变成了现实。1886 年，在新天鹅堡，路德维希二世被宣告患上了精神病，并被带往施塔恩贝格湖旁的山中古堡，第二天晚上，他便被发现与其私人医生同时溺毙于湖中，于是路德维希二世之死就成为千古之谜。而以其身世创作的歌剧《路德维希二世——天堂之路》，则在此全年上演。

如今，新天鹅城堡以其险峻的地理位置和梦幻般的建筑风格，吸引着成千上万的游客，每天晚上，都会有人在此迷醉，进入到路德维希二世创造的美妙梦幻之中……

白雪皑皑，芳草萋萋，悬崖峭立，溪流淙淙，阿尔卑斯山区就像一幅变换无穷的图画，秀丽的山村美景令人目不暇接，喘不过气来。

阿尔卑斯山是一个壮美与优美、传统与时尚、休闲与运动的奇妙结合体。达·芬奇把《蒙娜丽莎》微笑的背景取在这里，雨果把这里的日出描绘成一道"不可思议的地平线"，尼采在此写作《查特拉斯图如是说》，爱因斯坦在此思考相对论……开放，宽容，真实，多样，在追寻人生终极境界的旅途上，阿尔卑斯山成为一种象征。

我确信，每个到过这里的人，都能找到属于自己的阿尔卑斯。

而对于我，唯一的遗憾，是未能在此旅邸，哪怕是一个晚上——在饱览日光下的纯白之后，享受一下这里夜的黑，将自己埋入千年不化的坚贞神话之中，进入黑白分明的原初世界……

27
雪中的慕尼黑

此处为隐秘而宁静的森林一隅，
远离尘嚣、是非与困惑。

——［美国］马克·吐温：《国外旅游记》

从阿尔卑斯山上一路下来，汽车是摸着黑进入慕尼黑的。

天阴沉沉的，人困马乏，简单地吃过晚饭，就沉沉地睡了过去。

第二天清晨，拉开厚厚的镶着金丝边的绿色绒布窗帘，一个特大的惊喜出现了：雪，慕尼黑，就在眼前！

推开窗，飘飘洒洒的雪花伴着润泽的空气迎面扑来，清冽中裹挟着沁人心脾的馥郁芳香——巴伐利亚初冬不期而至的温情让人无法拒绝。

所有的建筑都披上了一件洁白的外衣，散发着轻灵与盎然的韵致。

著名的弗拉温圣母教堂巍峨凛然，两座标志性的洋葱式圆顶塔楼高高耸立，直指苍穹，映衬着远处的山峦，庄严而辽阔。

教堂的钟声清脆悠远，荡漾在晨曦中的每一个角落。

整个城市犹如一座"超级村庄"，笼罩在一片宁静柔美之中，让人感受着德国式的肃穆与安详。

对于德国，总有一种说不清的情愫萦绕在心。

每当因片刻的闲暇从现实空间"走神"，任由自己的思想自由飞翔，对地球生命存在的总体文化氛围进行探询式思考的时候，无论神游到哪个地方，始终都绕不过一块神奇的土地和一个令人景仰的民族，那就是德意志——世界人民的精神故乡，一个号称"思想家和诗人的民族"。

她拥有宏大、缜密而抽象的思辨体系，拥有充满瑰丽想象、旖旎情思的爱恋之诗，拥有崇高优美、触人灵魂的音乐……

地理的隔绝阻挡不了心灵的跨越，德意志之旅注定会让我心醉神迷。

慕尼黑是德国自由州巴伐利亚的首府，人口约150万，是德国艺术和文化的中心。它还是一座国际文化的大都市，这里有全球最大的雕塑作品展览馆和古绘画陈列馆，有世界一流的慕尼黑交响乐团，有全德最大、学生人数近10万的慕尼黑大学，有闻名世界的"十月啤酒节"，有大名鼎鼎的"拜仁慕尼黑"足球队，全球闻名的西门子、宝马、保时捷、博世等跨国公司的总部也设在这里。

悠久的历史、独特的传统，使这里的名胜古迹数不胜数，被人誉为"德国的一颗灿烂明珠"。美国作家托马斯·沃尔夫曾写道："慕尼黑，除了说它是德意志的天堂，人们还能怎样形容它呢？有人梦见自己到过天堂，而在德国，所有的人都梦见自己到了巴伐利亚的慕尼黑！"拿破仑、歌德、莫扎特、易卜生曾到此游历而获得灵感；西茜公主、施特劳斯在这里发出了人生的第一声啼哭；爱因斯坦在这里学会了宇宙的第一道公式……国王、元首、教皇，作家、明星、平民，所有的人都渴望到这里亲身体验慕尼黑迷人的魅力。

慕尼黑还是世界上很少几个直接影响历史进程的城市之一，历史上，有许多重大的事件发生在这里：1923年11月8日，阿道夫·希特勒在这里制造了臭名昭著的"啤酒馆暴乱"，从此发迹，导致了一个民族的悲剧和全人类的灾难；1938年，希特勒、墨索里尼、张伯伦、达拉第在这里签署了《慕尼黑协定》，秘密决定了捷克斯洛伐克的命运，史称"慕尼黑阴谋"；1972年，慕尼黑奥运会上，巴勒斯坦游击队闯入奥运村，血染以色列运动员宿舍，成为奥林匹克运动史上痛苦的回忆和创伤。

无暇追古怀斯，我匆匆地吃过早餐，粗略研究了一下地图，就穿上风衣，背起摄像机，兴致勃勃地走进了雪中的慕尼黑。

由于昨天到达时天色已经很晚，汽车在暗淡的街道里转来转去，实在辨不清东西南北，也看不清周围的景物。早晨走出大门才发现，其实在住的喜来登酒店的右侧，就是著名的慕尼黑市中央火车站，距市中心步行也不过二十几分钟的路程。

时间充裕得很，我可以信马由缰，痛痛快快地潇洒走一回。

雪下得不紧不慢，行人大都撑起了伞。

旅游者则三五成群，全然不顾雪花飞舞，兴趣盎然地到处拍照留念，尽情享受着雪中慕尼黑的特有风情。

街道宽阔而整洁，地面上湿漉漉的，却没有丁点儿泥泞。没有高楼大厦，没有太多的车辆，没有嘈杂的人群，一个人走在大街上，自在而悠然。

顺着 Schutzen 大街，我来到 Karlsplatz 广场，这里是慕尼黑的市中心，从这里向前，是一片开阔的步行购物区，当地人称之为"施塔赫乌斯"。时值圣诞前夕，这里就成了临时的圣诞市场。

圣诞市场据说最早起源于德国小城亚琛，现在已经形成一个传统，每年临近圣诞的时候，各个城市的商业广场上就会搭满各式各样的小木屋，摊主摆上各式各样的商品，供游人挑选。许多城市的圣诞市场都有着数百年的历史，比如慕尼黑的尼古拉年集，早在 1310 年就有了。

当到达集市的时候，我着实被眼前的情景迷住了：大街两旁，广场四周，摆满了花枝招展的漂亮货摊，两侧店铺的门口装饰着圣诞树，翠绿的树枝上挂满了各种可爱的玩具和精美的礼品。

货摊上的物品琳琅满目，从巴伐利亚的红苹果到西班牙柑橘，从法国奶酪到比利时巧克力，从名贵的葡萄酒到美味的家酿啤酒，应有尽有。现场制作的烤肉、烤肠色香逼人，使人垂涎欲滴。

◉ 诱人的圣诞礼物

既然是市场，就少不了吃的，而有些传统食品甚至只有在圣诞时才品尝得到。正是因为有了这些美酒佳肴，圣诞市场也就成了朋友之间聚会的好场所，只见三三两两的人们在小吃摊和临时的咖啡厅、酒吧前享受着美食，喝着酒聊着天。

不论是老者还是年轻人，货摊的主人都身着传统服装，操着带有浓重巴伐利亚口音的德语，热情友好地向游人打着招呼，听起来诙谐而有趣。

慕尼黑人就是这样，尽管有众多的外来影响，他们仍然保持着原有特色，对世间的纷扰视而不见，继续以巴伐利亚的风格和传统为荣，享受着田园诗般的生活。

圣诞节集中展示了德国的传统风俗，这个节日成了每个德国人一年中最心爱的时光。虽然市场上的商品比一般的商场和超市贵出很多，但是人们还是蜂拥而至，乐此不疲。

看着人头攒动的市场和热火朝天的气氛，我的心也被照得暖暖的，挑选了一些圣诞美味和贺卡，开始企盼圣诞节的到来！

四周艳丽的灯光将漫天飞舞的雪花映照得金光闪闪，天空也变成了透明的深蓝色。

在州联邦法院门前，一对儿和蔼慈祥、穿着素雅的老夫妇主动上前，热情地要为我拍照，让我真切地感受到了德国人低调中的友善。得知我来自中国，他们手竖大拇指，连说："Guten！Guten！（你好！）"并祝我"带回去一个美好的回忆"。

慕尼黑人希望世界上所有的人都能喜欢这里，他们也因此自豪和自信。

说起慕尼黑，的确有数不清的诱惑，如盛大的慕尼黑啤酒节，每年都吸引着多达600万的啤酒爱好者和游客，还有慕尼黑电影节、歌剧和芭蕾舞节、国际艺术博览会等。然而到了慕尼黑，无论何时何地，给人最直接的冲击，则非音乐莫属。

走在街上，不论在哪个角落，只要驻足侧耳细听，每一座建筑都飘溢着悦耳的音乐，从不同的方向，以合适的分贝，伴随着你，使人仿佛走进了一座立体音乐厅。怪不得当年勃拉姆斯要提醒人们："走路小心，别踩着了旋律！"

德国是音乐之乡，在音乐方面，没有哪一个民族可以与德意志民族相提并论。无论是巴赫的宗教音乐，还是亨德尔、海顿的巴洛克风格的音乐，以及贝多芬、舒曼、勃拉姆斯那浪漫迷人的音乐，都是空前绝后的，世界上几乎没有第二个国家在其历史发展过程中能够造就如此之多的著名作曲家。门德尔松在 1830 年写道："慕尼黑人对音乐有着异乎寻常的敏感，并且通过诸多的方式磨炼着他们倾向天籁的触角。"

慕尼黑同时还拥有"指挥家城"的称号，它不仅为全世界提供了一批优秀的指挥家，同时也吸引着来自世界各地的指挥家。

音乐在德国人的文化生活中占有重要的地位，他们听音乐的兴趣始终胜过看电视。在德国，每年售出的唱片都超过 2.4 亿张。

就在热闹的圣诞市场旁，我走进了一家音乐商店。不大的营业厅布置得古典幽雅，一排排的金属架子上整齐地摆放着 CD 光盘，不管是浏览还是挑选，都一目了然，十分方便。

在试听机前，我惊喜地发现《魔戒》的电影原版 CD，迫不及待地戴上耳机，动听的音乐立刻流淌了出来——掏出 38 马克，我毫不犹豫地买下了这个意外的收获。

雪还在下，雪花也变得越来越丰满。早餐时，饭店的侍应生介绍说，这已经是慕尼黑今年的第三场雪了。

每到冬季，慕尼黑的雪都是连绵不断的，所以当地人大多数都更愿意待在家里，待在暖烘烘的屋子里，读书，深思。

由于地理与气候的原因，一到冬季，欧洲大陆阿尔卑斯山以北的地区寒风凛冽，冰雪连绵，与我国的北方特别是东北的气候非常相似。

由于天气异常寒冷，长久以来这里的人们一直认为"冬天就应该是休息的季节"，所以居住在这里的人们大都养成了冬天足不出户的生活习惯，因为哪怕天上挂着明艳的太阳，出了门却依然是冰冷的世界，使人瞬间就变得如路边的枯干漫枝一样，瑟瑟发抖。

气候环境如此，人们最好的归宿当然就只有回到温暖的家中了，或举行家庭聚会，或一个人独处，坐在暖洋洋的壁炉前读书、冥思，尽享冬日家的温馨。

在这样的天气里，街上的行人越发稀少。下午五六点钟，商店开始关门打烊，街上很快清静得想找个问路的人都得等半天，只有干净漂亮的有轨电车频繁地穿梭于各个街区，车上的乘客也是少得可怜。

这与此前到过的阿姆斯特丹、巴黎等城市的繁华景象相距甚远。在那里，灯红酒绿的夜生活是典型的西方人休闲享乐方式，而在这里，连一家开过六点的商店都很难找到。

感受老欧洲

据说，很多外国的旅游者为此给德国政府提意见，建议商店延长营业时间，而德国人却"置若罔闻"，依然我行我素，特别是到了周末，所有的店铺早早就关门大吉，他们的理由很简单：任何人的休息权利都需要保护，假期就是休息，应该和家人共度。

因此，即使老板肯出双倍甚至更高的价钱也很难让德国人加班，所以一到假期，东方国家特别是中国的留学生特别受雇主的欢迎。

在这里，几乎找不到能够称得上是现代都市生活的娱乐场所，就连现在中国人都视为家常便饭的歌厅、酒吧，人们也很少在晚上光顾。他们更愿意早早地回到家里，与家人共进晚餐。

很多到过德国的外国人都抱怨德国人的这种生活太沉闷、太循规蹈矩，我却格外喜欢这样的生活"情调"——与世界上那些喧闹、沸腾的地方相比，静悄悄的德国到处弥漫着安静与祥和。

尽管德国人的沉静好思是出了名的，但只有到了德国，才能更真切地领悟到为什么这是一个造就思想家的民族。

在与德国人的交流中，能够明显感到他们普遍对日常生活不感兴趣，他们关心的主要领域，除了旅游，就是思考。

德国人拥有的大量闲暇时间，都被用来读书和交谈，他们认为，只有阅读和倾听，才有时间进行思考；人类需要奋斗，更需要自省和反思。马克思说"德国不是一个行动的民族"，或许就是针对这一点而言的。

这使我想起了德国历史学家梅林对康德的评价：康德在思辨的苦海中惨淡经营了 40 年，终于将德意志民族引进了哲学的大门。所以我们可以将康德的经历看作德国学者的典型经历——他们的思想发展与变化的道路完全可以不考虑生活道路，思想完全源自内心的动力，与外在事物没有关联。

哈耶克在一次演讲中评价道："德国人的知识传统，偏爱某种不为其他地方的人们所知的'个人主义'，他们坚持理性主义，他们认为，独创性的个性发展是个人有意识选择的产物，在大多数问题上与别人不一样、具有独创性，才是值得自豪的。"

伊曼努尔·康德活了 80 岁，终生未娶，一生从未走出过他的家乡——小镇哥尼斯堡，却一个人探索、论证了全人类认知的最大可能和最大限度。

他是一个没有传奇故事的传奇人物。海涅说过："康德的生平实在难以描述，因为他既无生活，也无经历。"传说，康德生活得非常规律，以至于当地居民都习惯了在他每天下午三点半散步经过时来对手表。就是在这种一成不变的散步中，他的脑海中迸发出了一个又一个思想的火花。

他的哲学是超验的，他试图研究一切知识的极点，即人类理性的灯光所能照亮的区域和必须永远留在黑暗之中的区域之间的分界线：当我们由"已知"向外推进，达到我们的认识的限度所强加于我们的极限时，我们就将碰上三大"观念"，即上帝、自由和永生。它们的真实性我们确实能够想象，因为各种事实都表明它们，但与此同时对它们的真实性我们却永远也无法充分地掌握并得到证实，因为它们处在我们"所知"的事实之外。对人类周围的奥秘而言，什么是人类认识的必然界限？这就是他在《纯粹理性批判》中要回答的问题。

根据传说，康德的书斋里只有一件装饰品，即一幅卢梭的肖像画，这就印证了他的哲学思想和实践理念是辩证统一的，这也是他在写《实践理性批判》时感到更为自豪的原因所在。

康德哲学标志着一个时代的结束和另一个时代的开始。《纯粹理性批判》好像在说：你在探索奥秘、追求真理方面能走多远就是多远，不可能再远了，否则就割断了一切形而上学推理的源泉——即相信可能有一天会知道显然不可知的事物；《实践理性批判》则表明：人在克尽义务和追求理想时是最伟大的，人既是自由的，也是独立的，在实践中必须遵循规则，抵制天生的邪恶倾向，负责任地做出自己的决定——这才是人之为人的伟大之所在。

康德的"两大批判"，是营造德国启蒙哲学的最重要的基石，其内容的深刻与艰涩同属"世界一流"，即便是哲学专业工作者也须在"彻夜青灯伴孤影"的书斋里一字一字地"啃"。

然而，就是这种阅读起来佶屈聱牙的经典之作，也常常成为德国的大家闺秀们案头上的必备之物。

无独有偶，德国古典哲学集大成者黑格尔，于1806年完成了巨著《精神现象学》的写作，而此时的德国正处在耶拿大战的前夕，拿破仑进攻普鲁士的硝烟四处可见，但崇尚理性与知性的德国各界，特别是读书界面对战乱却一如既往，还在按部就班地做学问或为做学问按部就班地做事。

还在读高中的时候，德国人那种处乱不惊、处惊不乱的做派就使我惊愕不已。读完大学，读完研究生，就在出国前的一段时间里，当我再次捧读康德、黑格尔的时候，我仍然惊愕不已。

就我本人来讲，我更喜欢康德，喜欢他跨疆越界的大善，喜欢他隐藏在严密思维背后的真知灼见，可惜由于他的学说太平静，从来未曾引起社会的激动；而对于黑格尔，更多的则是敬畏，甚至会感到一丝宇宙即将被穷尽了的绝望。

或许，对我这样的凡夫俗子来讲，我将永远被他们拒之门外。

有人说德国人是孤独的，具有逃避主义的倾向，其实，德国人对逃避主义的这种偏爱，正是他们所需要的灵魂精髓。

也正因为如此，他们看上去既显得比较超脱，也有些不太现实。

诗人海涅曾经把这种嗜好总结为："法国人与俄罗斯人拥有土地，英国人拥有海洋，然而无可争辩，我们已经控制了梦幻王国。"歌德在深思中指出："正是在我们苦思解决哲学问题之际，具有实用主义智慧的英国人一边耻笑我们，一边征服了世界。"

逃避，来源于对现实的失望，更深的是源于对完美的渴望。

在德国人的心目中，确实存在理想事物。德国人认同理想多于认同人：理想是美好的，不会令人失望；而人则难以预测，而且总是令人失望。理想存在于苍天上的某一个角落，只有不惜一切代价辨明真理与谬误，才能真正谈得上追求完美。这也正是康德下达的最高指示——因为他无法忍受世上还有界别不清的大杂烩。

如今，在这个世界上，外在的喧嚣与内在的浮躁使人忙忙碌碌。人们都在急着发财致富，急着满足欲望和发泄欲望。市场上人声鼎沸，交易所讨价还价，酒店里觥筹交错，歌舞厅吼声震天。该热闹的地方很热闹，该冷静的地方却并不冷静。而"思想"却不得不退避三舍。

这并不奇怪，"知识经济"时代，"知识"就是财富，"学问"就是金钱。"思想"既不能给人带来触手可及的实利，也不能给人加官晋爵，更缺乏令人趋附的"势利"，聪明的精英们当然不会光顾无利可图的"思想"大门。

雪越下越厚。夜色初降，暮霭下，一束束柔和的灯光伴着匆匆赶路的人们。

教堂的钟声再一次响了起来，这一刻，我听出了它的浑厚与沉稳，就如同海德格尔的家乡麦氏教堂镇的钟声一样，让人感受着生命与自然的和谐。

28
密歇根的专卖店

说起德国，人们想到的往往是发达的经济和高品质的德国造商品，或者是柏林、慕尼黑、法兰克福等著名都市。但是如果你身临其境，就会发现德国之美，除了这些，除了众多中世纪的古堡，更多地体现在不经意间路过的那些叫不上名字的乡村小镇——如画一般的小镇——街道上似乎永远也见不到三个以上的行人，随处可见一幢幢的漂亮楼舍，干干净净的石板路，古老的城墙，穿城而过的流水以及友善的主人……

德国约有13500个小城镇，其中75%以上的小镇人口少于5000人。许多小镇历史悠久，至今保持着中世纪的风貌：古老的石板路，哥特式的小教堂，古色古香的家居建筑，处处体现出一种古旧之美。

德国的小城镇以绿取胜，几乎每个小镇都被森林和花园所环绕。

小镇里最常见的是咖啡馆，人们只要一瓶啤酒、一杯果汁或一杯咖啡，就可以一直坐下去，看书、聊天或者干脆无所事事。

在慕尼黑与斯图加特之间，就坐落着这样一个异常宁静的小镇——密歇根。

这里没有高楼大厦，没有太多的车辆，有的只是建筑精巧、装饰典雅的民居，和房前屋后色彩艳丽的花卉。

⊙ 小镇，小街

这里的人们有如生活在大花园里，生活悠闲，节奏缓慢，文化气息浓厚。

密歇根妙就妙在它的小巧，因为小，城市主要街道两个小时就能轻轻松松地走完；因为小，它在湖光山色的簇拥下，显得更加清晰别致，秀丽诱人。

小镇上只有一条主要街道，而且非常狭窄，两边相距不过五米。街道两旁是一幢幢两三层高的木制楼房，"人"字形屋顶一字排开，大大的阳台，宽宽的窗户，表达着这里的人们对阳光的偏爱。

所有的建筑没有刻意的铺陈和夸张，平静地与蓝天大地融为一体，真实得让人感觉是在寻找回家的路。小的横街交错其间，就在这样的巷陌深处，一家家各式各样的专卖店藏身其中。

傍晚，店堂里朦胧的灯光散发出来，点缀在温柔的夜色里，像雾一般铺满街道。

专卖店的门口都随意地摆放着漂亮的服装，店主人则很难见到，只有推门进到店里搜寻一番，才能在角落里找到——他们在埋头静静地读书！

宽容而沉静的小镇，造就了这里的人们质朴谦和的天性，他们深谙修身养性之道，把生意仅仅当作一份消遣。

这儿的确是一个非常能体现德国人性格的小镇。

清澈的月光下，行人稀少，偶尔走过几个旅游者，也是静悄悄的。

在这里逛街，与参观博物馆没有什么区别，那些家庭经营的小店铺，店主根本就没打算急着把自己的商品卖出去，若是犯了懒或者缺少情绪，干脆就挂出"CLOSE"的牌子，坐在小店的门前喝咖啡，看报纸，晒月亮。

这里缺少热情洋溢的主动服务，更没有热闹非凡的市场繁荣景象，满街散发的只是一种悠闲随意，从骨子里透出的那份悠闲随意。

古朴典雅的小镇，在柔和街灯的点缀下，宁静、稳健、平和，人人尽可以安闲地漫步浏览，完全是一幅静谧、灵动的优美画卷。

如果说法国是一瓶香水，打开盖子就能闻到香味，那么德国就像一瓶陈年葡萄酒，需要慢慢地品，才能尝出味道来。

德国最大的特点，就是没有变化。

在这里，尤其是一些古老的小镇里，给人的第一个印象往往是又老又旧——房屋像是老古董，街道狭窄而曲折，几百年前的住所门牌号依然不变，街名也都是从前的。不仅街道保持着原来的名字，就连建筑也是老式的居多。密歇根，就是这样一个以"老"为美、以"旧"为荣的地方。

对德国人来说，"历史"、"传统"都是心目中神圣的概念，不论是建筑、家具还是商店招牌，年代久远意味着分量十足的荣誉。因此，热爱历史遗产的德国人善待他们每一座百年以上的建筑。皇家宫廷自不必说，就连那些上了点年头的学校、别墅、企业和公寓，也都被挂上了受保护文物的牌子，即使是它们的所有者也无权拆除或改变，至于那些未受战火摧残的城市或乡村，则必须原汁原味地保存和维护。

一个德国朋友曾说，对一个有悠久文化历史的城市面貌，千万不要动脑筋去改变它，因为历史是不能改变的。这样的城市是一个博物馆，展品就是城市的古建筑群，扔掉这些展品换上现代人的东西，这个博物馆就不存在了，如果事后后悔了再仿造这些展品重新摆出来，博物馆仍然是不存在的，因为没有多少人愿意去看一个赝品博物馆。

所以，他们宁愿花费大笔钱财修缮老房子而不肯拆了重建。许多老房子上挂着特殊的标牌，说明曾经有某位历史人物在此居住过。这些历经沧桑的老房子虽然内部构造经过多次修整焕然一新，但原先的外观却整旧如旧，依然保持着原来的风貌。

有人说，德国的"老"、"旧"恰好证明了德国人的保守。其实，崇尚传统并不是一件坏事，因为一个民族的文化传统正是这个民族个性的重要体现，通过保护传统和历史遗迹，才有资格向世界展示本民族文化的独特魅力。这一点，让德国人受益匪浅。

德国人做事有计划，不做心血来潮的冲动事。即使是居家过日子，也要严格地按事先说好了的办，连家庭主妇出门买菜的内容，都要事先计划好写在小本子上，在超级市场内采购也只按照事先设想好的路线，不像其他国家的人那样随心所欲。至于哪天哪餐吃什么菜、吃多少饭，也都不会轻易改变。而家庭主妇煮面条，则要用天平称重，煮鸡蛋则要用量杯称水。

总之，在德国人的思维里，一切都是定量的。这看起来很呆板，甚至在

感受老欧洲

大多数习惯了"差不多就行"思维模式的国人眼里简直不可思议，但正是这种性格，使德国人无论是在工作还是在生活中，无论大事小事，要么不做，要做就能做成功。

他们说话严谨，办事认真，习惯对每件事情做逻辑分析。

当然，他们也因此常常把简单的事情复杂化。通常，德国人会利用度假和休闲的时光，学习研究、探求人生真谛、思考问题，而一旦聊起他们的度假，光是听他们逻辑推理般的描述也会让一般人精疲力尽，或许需要再休息一天才歇得过来。

德国人个性很强，恪守诺言。德国人乐于因自己忠于真理、诚实可信而为人尊敬，但令他们诧异的是，有时候这种美德却让人视为不圆通甚至更差。

事实上，那些把德国人的深邃敏感与反躬自省看作以自我为中心的人，恰恰是肤浅的。

与德国人打交道，绝对不能没有充分的准备和计划，更不能轻易改变已经同他们约定好的计划。对计划和时间的遵守，在德国已经提高到神圣的高度。

整个德国社会就是建立在对计划和时间的遵守上的：公共汽车、飞机、火车、邮政服务，所有的公用事业都像德国制造的机器一样精确无误，分秒不差。与法国人、比利时人特别是意大利人经常抱怨自己国家的公共汽车和火车不准时、行政部门效率低下相反，德国人对自己国家公共事业和服务机构的高效率非常自豪和信任。

德国是个富裕的国家，但德国人崇尚勤俭、朴素之风，厌恶豪华、奢侈的生活。

德国人请客从不讲究排场，一餐下来一般只上一道主菜，至于头盘和甜点之类，征求客人意见，按需提供，避免浪费。德国人吃饭很简单，甚至说很随便，马马虎虎。一般而言，他们是什么时候饿了什么时候吃，很少有固定的吃饭时间，吃的也很简单，面包、黄油、果酱、香肠、咖啡、水果，没烟没火就完事了。

也正因为如此，德国人对中国人的煎炒烹炸、大动烟火无论如何也理解不了。在他们的语言里，"CHINA"的发音似乎就意味着"吃呢"。

德国人信奉"人为生存而吃、但生存不是为了吃"的信条，因此不讲究饮食。他们最常吃的，既不是山珍海味，也不是燕窝猴头，而是土得不能再土的土豆。土豆是德国人餐桌上绝对少不了的主料，蒸土豆、煮土豆，土豆饼、土豆汤、土豆泥，"花样"繁多。有一道菜叫做"带皮的熟土豆加凝乳配固体奶酪的土豆"，单凭这一长串的名字，想来味道应该也是会让人难忘的。

虽然吃的如此"土气"，只要热量和维生素就够了，但德国人用餐器具之豪华、讲究，吃相之文明、风度，却是能够在世界上称第一的。

德国人的穿着也十分朴素，他们认为这样更自然、省事，也更美丽。

富裕的德国人，在吃饭、穿衣上的"小气"，很让一些先富起来的中国人见笑，殊不知这些与穷富并没有必然联系，只不过中国人惯于以貌取人罢了。

德国人行事稳健，不爱张扬，表面上刻板、因循守旧，似乎缺少些幽默，司汤达在《拉辛和莎士比亚》一书中写道："巴黎一个晚上流传的笑话比整个德国一个月流传的还多。"但德国人对人忠诚、真挚、恪守诺言，一旦你也用同样的品格对待他，他便会成为你最可信赖的朋友和伙伴。

与德国人建立起来的个人友谊和互相信任，绝对是"长线投资"，终生受益。就像创造了汽车经典神话的大众甲壳虫一样，虽然时间的车轮飞速向前，但它依然能在近70年的超长寿命里用一款从不改变外观设计的产品，长久地占据人们的心，在它的最后一个市场墨西哥，当政府要求今后出租车只能用四车门的车型时，甲壳虫选择的是放弃而不是改变。

西欧人有一种说法，生在英国，吃在法国，玩在意大利，住在德国，连上帝都会嫉妒。

德国人的住房的确比较宽敞，一般都在100平方米以上。德国人不喜欢喧闹的城市和高层的住宅，不喜欢塔式的高层公寓楼房破坏他们的田园风光。纵观德国的城市建筑，10层以上的高楼很少见，到处可见的多是传统形式的中低层建筑。

德国人酷爱大自然，在幽静的郊区小镇，式样各异的两三层小楼散落在郁郁葱葱的山坡、田间或湖畔，楼前房后都配有别致的小花园，五彩缤纷的花卉布满庭院，充满诗情画意。而且一有空闲时间，他们首先就要修剪花草，打理庭院。德国人是我所见过的欧洲人中最爱整洁的民族。

而还有一项有趣的统计，也表明德国人在住的方面的确有些"特别"：这个国家的人比其他欧洲国家的人更喜爱住在旅馆、单位或者野营帐篷等地方！这种人在德国人口中的比例高达17%，而在西班牙仅为0.1%。

德国虽然古老，但并不缺乏活力，在保护和尊重传统的同时，并不拒绝现代。就是这个坐落在慕尼黑与斯图加特之间的密歇根小镇，竟隐藏着64家独具特色的高档专卖店，吸引着南来北往的观光客。

29
悠悠海德堡

这里是如此美丽，
不可思议的美丽。

——[德国]布梭塔诺:《少年神奇号角》

内卡河从黑森林奔流而下，在德国西南部许多风景最美的地区蜿蜒流淌360公里，最后在曼海姆的东面流过狭窄河床，汇入莱茵河。

就在奥登沃尔德山区的边缘、内卡河畔浅浅的峡谷内，坐落着一个浪漫德国的缩影——海德堡。

海德堡位于奥登森林的边缘，莱茵河三大支流之一的内卡河在此流入莱茵平原。整个城市傍河而建，因古堡而名扬四方。

海德堡历史久远，大约60万年前就有人类在此居住，欧洲迄今为止发现的最古老的人类化石就是在这里发现的，并被命名为"海德堡人"。

如莱茵河一样，许多人把海德堡也看作德国浪漫主义的象征。很多诗人和艺术家为寻求心灵的闲适来到这里，探询神秘的古堡和美丽的传说，在激发创作灵感的同时，也演绎着一个个经久不衰的动人故事。荷尔德林在《海德堡》中写道：

巨大而古老的形象以
年轻的光亮，
并缠绕着生气勃勃的

绿色藤蔓，
美丽的森林
喧哗在古堡上端。

树丛绽开花朵，
直落欢快的河谷，
妩媚地倚在山顶，
岸边，
你条条快乐的街巷
休憩在芬芳的花园下面。

游客无论是徘徊在飞架于湍急河流上的古桥，还是沿着小石块砌成的古街漫步，都会被这座古朴、充满怀旧色彩的城市所吸引。而那映照在落日余辉下的城堡和教堂，还会令人联想起格林童话中一段段关于王子与公主的美丽动人的爱情故事，白雪公主、七个小矮人似乎就在您的身旁。

内卡河左岸的古堡，是这座城市的象征和凝固了的历史。

古堡又称作宫堡，历史上曾是选帝侯宫邸，1300年始建，后以不同时代的建筑风格扩充成完整的城堡宫殿群，增加了文艺复兴式的宫殿和花园，于17世纪中叶完工。1693年，因法国王位继承问题发生战争，宫堡被毁。后来宫堡部分曾重建，1764年又遭雷击火灾，逐渐破坏。

如今，宫堡的遗址保留着，包括众多修葺过的建筑残迹，如弗里德里希宫及其祈祷室、妇女宫里世界上最大的啤酒桶、奥托海因里希宫的药房博物馆等。一度，曾有人建议修复宫堡庭院四周的宫殿，但文物保护专家"要保存，不要修复"的建议最终被采纳。

在内卡河南岸，著名的卡尔·特奥德桥畔，一家中餐馆吸引了我的注意。

如同欧洲各地大多数中餐馆一样，这家餐馆的装饰也突出着浓郁的"中国风格"：大红的招牌，大红的店面，紫檀色的桌椅，青瓷餐具，如今就是在国内也很难找得到这么"原汁原味"的中国饭馆了。

店主是福建人，医学博士，10年前出国到了意大利，由于找不到工作，生活比较艰难，辗转来到这里，在当地华侨的帮助下撑起了现在这个门面。女主人也是学医的，刚到这里不久。看得出，他们对现在的生活和境况已经很满意。虽然要成为一名伟大的医生的梦想破灭了，但生活还要继续。未来之梦尽管无从把握，但毕竟梦还在。

告别了博士夫妇，从餐馆出来，向北穿过一条不知名的小巷，绕过古老的市政广场，就到了古堡的脚下。

在售票处，意外地发现这里居然有中文印刷的旅游画册，虽然很薄，但印刷精美，文字凝练，实在是一份不可多得的纪念品。

时近黄昏，这里的游人不是很多，一对儿老人相互搀扶着，在布满暗绿色青苔的石板路上一步一个台阶地向上攀登着。

我不想惊扰他们，就静静地跟随在他们后面，一边呼吸着清新润泽的空气，一边不时地停下来，欣赏一下身后的风景。

随着高度的增加，古堡之路也变得越来越狭窄。

在一条空旷的防御工事隧道尽头，跨过一座不起眼的城门，一个不加修饰、轩敞明快的庭院豁然展现在眼前。庭院四周满是残垣断壁，经过数个世纪的风霜雪雨，已由昔日的粉红色变成了褐色——这里就是著名的海德堡废墟。

海德堡城堡自 13 世纪兴建，至 1632 年才完工，原名伯爵城堡，是海德堡最有名的古迹，历史上经过几次扩建，是德国文艺复兴时期的代表作。17世纪时法国人曾两度摧毁城堡，几经波折，至 19 世纪末其主建筑才得以恢复原貌。

城堡建筑风格各异，既有最初的哥特式，又有后来的巴洛克式。位于庭院东边的奥托海因里希角楼最为引人注目，它集文艺复兴时期意大利、荷兰和德国的艺术风格为一体，与形态各异的雕塑、装饰极其和谐地搭配在一起，而代表基督教五大美德的力量、忠诚、爱、希望和公正之神以及众神之王朱庇特、战神马斯的雕刻，更是精美绝伦，充分展现了文艺复兴运动的精髓——复兴古希腊的理想美和古罗马的英雄美。

凝重而高大的建筑，傲视所有的参观者，让人只能仰视。这里的建筑都给人一种震撼般的纵深感，岁月的剥蚀都无法褪去它当年的风姿。

站在这些遗留下来的墙壁之前，残破的风貌仍能让人感受到几百年来它所经历的故事和它与众不同的、深厚的历史文化内涵，欧洲几千年的历史不就如这座饱经沧桑的古堡一样沉重吗？

这是真实的历史，而不是完美的历史；这是一种残缺，残缺中又蕴寓着对古战场的咏怀。文学家 W.本雅明在游历海德堡之后写道："晴日，废墟的断壁残垣伸突在空中，当目光在它的窗户间或者顶端与飘来的云朵偶尔相遇时，会显出双倍的美。毁灭通过在天空中演出的瞬息即逝的奇观，增强了这片废墟的永恒感。"

与奥托海因里希角楼东邻的是著名的酒桶楼，里面有一只世界闻名的海德堡大酒桶，酒桶高 8.5 米，宽 7 米，可容 22 万公升葡萄酒，由特沃多国王于 1751 年建造。除了这个被载入吉尼斯世界纪录的大酒桶，酒楼内并无其他出奇之处，宫廷小丑和酒窖师的木雕形象也显得暗淡而没有光彩。

嗅着依稀可闻的酒香，我想起了曾在一本书中读到的一则逸事：在中世纪，大学的报酬很低，而且不定时。1537 年，海德堡大学杰出的希腊语教授米西鲁斯向校方请愿，理由是每年 60 个弗罗林连单身汉的生计都维持不了，况且他还要养家糊口。校方的反应是给他的薪水多加 20 弗罗林，而享有王权的选侯则建议将米西鲁斯开除。无奈之下，大学教授们开始被迫在教学之外通过其他途径来增加收入，海德堡大学 1558 年的校例就规定，允许教授们每年零售一定数量的酒。

可见，酒对于海德堡的教授们是有着特殊的意义的，所以这里的酒桶做得这么大，也就不足为怪了。

从古堡庭院出来，沿着石板路拾阶而上，就到了古堡最敞亮的一块地方——古堡花园。

在花园的平台上，居高临下，放眼四望，一幅迷人的立体风景油画展现在眼前，铺向天际——海德堡城堡建在城市的最高处的山顶上，站在城堡上往山下俯视，海德堡市的美景尽收眼底——在一派苍翠的背景下，海德堡老城整个掩映在蓝天白云之下，欧洲特有的教堂尖顶鹤立鸡群地矗立着，与绛紫色的城堡和白里间黄的现代建筑群相映成趣，使人既领略到中世纪的风光又看到了现代文明的气派。低处是静静流淌的内卡河，对岸丘陵上的树林以不同色彩编织出美丽的图案——一座中世纪古城就这样活生生地点缀在远近错落的山巅上！

在古堡花园，我见到了歌德石椅。

1815 年秋天，歌德再次来到海德堡，在此住了两个星期，结识了海德堡的才女维勒梅尔夫人。对于这次不寻常的爱情，歌德后来写下了著名的诗集《西东诗篇》。

100 年后，为了纪念他们的爱情，海德堡市政府在古堡花园里安置了这张石椅，椅背上方还刻着维勒梅尔夫人写的诗句：高墙开花之处，我找到了最爱的他。

海德堡人对古堡不仅仅是单纯的守护，他们也十分热衷于利用它来增添生活的乐趣。如今，这里仍然被用于举行宴会、音乐会或戏剧演出。特别是为了纪念 1689 年、1693 年、1764 年的火灾，海德堡市每年夏季都举办三次宫堡照明活动。

在舒适凉爽的仲夏夜晚，来自世界各地的游人们有幸目睹先进的照明设备将宫堡和古桥打造成一个现代版的童话世界——古老的建筑映衬在幽蓝的夜色里，从微红到深红，历时数个小时。

然后，或许就在你不经意的一刹那，照明灯光突然熄灭，灿烂的焰火腾空而起，整个小城仿佛都被燃烧起来。沸腾的夜晚伴随着沸腾的人群，使每一个有幸经历的人都难以忘怀这童话般的奇遇。马克·吐温曾如此写道："人们认为白天的海德堡及其周围的景物，已经美丽得无以复加了；然而当他们看到夜色中的海德堡宛如倾斜而下的银河时，可能就会收回原来的看法而重下结论了。"

20 世纪 80 年代初，国内曾放映过一部德国影片，叫《古堡幽灵》，据说就是在海德堡拍摄的，说的是一批古代罪犯被判处死刑后，被砌在古堡的墙内，没想到几百年后这些幽灵又复活了，但不像复活过来的基督那样来拯救人类，而是走在现代都市里惹是生非。既有古堡，又有幽灵的，恐怕非海德堡莫属了。

德国民间称海德堡为神话之堡，尽管海德堡没有留下过一篇神话小说。而这神话，不正是古堡、幽灵还有生活在这里的人们所营造的吗？

魔鬼之山，古堡废墟，神秘夜空……19 世纪初的浪漫主义诗人们，就是在内卡河畔的这片充满精灵的废墟上，捕捉着浪漫主义的情感。

诗人 Friedrich Matthisson 1786 年在古堡废墟当场写道：

> 悲寂中我在想
> 那是一段多么残酷的岁月
> 在这片古堡的废墟里
> 我看到一个筑在山岩上的神话
> ……

参观城堡下来，一个人在海德堡街头徜徉。

小石块砌成的街道两旁，错落有致地矗立着古色古香的中世纪塔楼和文艺复兴时期风格的建筑，宽敞明亮的商店橱窗，吸引着熙熙攘攘的游客，整座城市充满了怀旧色彩，到处弥漫着浪漫的气息。

海德堡既可以称作一座有着年轻外貌的古老城市，也可称作一座外表古老却又洋溢着青春活力的年轻城市。

顺着步行街悠然向北，不一会儿，就来到了著名的海德堡大学广场。

海德堡虽然是个小城，市民只有 13 万人，但它却大名鼎鼎，因为这里有世界著名的海德堡大学，小城十分之一的居民是在校大学生，因此成为一座著名的大学城。

朝气蓬勃的青年学生的身姿更是随处可见，大学生个个意气风发，成群结队穿梭在大街小巷，时时提醒人们注意海德堡焕发的青春及其扮演的大学城角色。

如同英国的牛津、美国的哈佛一样，小小的海德堡之所以出名，首先归功于历史悠久的海德堡大学。

海德堡大学的成立起因于一场教会分裂，当时的法国想把教皇所在地从罗马迁往法国南部的阿维尼翁，被教皇拒绝。于是教会最重要的精神重镇巴黎大学产生了分裂，那些追随教皇的学者受到排挤，甚至被逐出大学。当时在海德堡的德意志选侯莱茵侯爵鲁普莱希特一世站在罗马教廷一边，于 1386 年 10 月 18 日创办了海德堡大学，以抗衡巴黎大学的反教皇倾向。

历史上，海德堡大学是德意志帝国的第三所大学（布拉格大学创建于 1348 年，维也纳大学创建于 1365 年），德国的第一所大学。在它六百多年的历史中，先后会聚了欧洲各个时期的优秀知识分子，吸引了来自德国乃至世界各地的学生，在德国宗教改革、浪漫主义文化发展、哲学、物理学、历史学、文学等学科和历史文化事件中扮演了主导地位，产生了一大批世界级的自然科学家和人文科学家，仅仅 20 世纪，海德堡大学就有九名诺贝尔物理奖、化学奖和医学奖获奖者。

海德堡大学以历史悠久、校风活泼、极富文化气息而闻名，尤其在 16、17 世纪成为德国学术文化和宗教改革的重镇，不但造就了一代又一代世界知名的学者，还为世界各地大学的发达指明了方向。美国著名学府如哈佛、耶鲁等大学的办学精神和理念，承袭的就是德国大学的筋脉。

如今，这里依然散发着优雅别致的风情，令人感怀万千。

海德堡大学，在德国大学中具有至尊的地位，极具大学之独立与自由的智慧和涵养。这，也正是德意志民族的智慧和涵养。

德国的学者，首先希望的是能够进行独立思考，并批判性地掌握他们所承担的任何学科。因为独立性意味着学者追求真理时，无须害怕任何人，也无须依赖任何人，他们完全自由地从事神圣的探索而不受外界的干扰和约束。其次，他们希望通晓与这门学科有关的、到他们的时代为止已经探索到的全部知识。对他们来说，真理是唯一的理想，只有真理的追求是至高无上的。

哈耶克在谈到维特根斯坦时对此深有感悟："最让我震惊的，是他们对一切事物都'求真'的激情。这种'求真'激情在各个知识分子群体中几乎成为一种时尚。它并不仅仅意味着讲真话，而意味着你必须以真理为'生'，而不能宽容本人或他人的任何虚伪。对每种习俗都要予以深入剖析，对于每种传统形态，都要揭露出它是骗人的。……当然，这令人不快。"（《哈耶克传》）

在海德堡，求学治学的过程，绝对是思想的过程，思想是它真正的产品。哲学家、美国学者 Josiah Royce 曾说过："惟有德国的学术是我们的老师和引路人。……任何一个人，如果初到德国时还对理论生活的可能性持怀疑态度的话，那么，当他回国后，必定会成为一名为了求知而将时间都用在纯粹知识上的理想主义者。"

在海德堡，唯一能与思想匹配的，是人格。在这里，教授与学生一样要接受资格审查，特别是一个人的成长背景。他们认为，做人与做学问一样重要，而且，做人是前提。

海德堡对学者的概括是：社会道德素养、个人气质风度与生活情调的完美综合。只有这样丰满的人生状态，才能生成智慧。相对于知识而言，他们更崇尚思想与智慧。他们认为，思想和人格造就良好的环境，而优美的环境和自由的氛围，反过来滋养着思想。思想昭示世界的方式并不张扬，更多的是潜移默化地影响世界。虽然它并不企求给世界带来直接利益，但却注定会对人类产生重要影响。

时光流逝，亘古不变的，只有永恒的"绝对精神"。大凡历史悠久的学校，都有属于自己的"永恒的风景"。像海德堡大学，除了眼见为实的校园建筑、名师盛会外，还有心领神会的历史传统与文化精神，以及兼具自然与人文、历史与现实的众多精彩的传说。

沉浸在繁杂无绪的遐想中，我在海德堡大学广场前驻足良久。

凝望着洁白如玉的古老教学楼，摩挲着这里的每一件雕像、每一棵草木，极力想把这里的新鲜空气呼吸个够。

我知道，这里的讲坛上曾有那么多的大师流连而一去不复返，时至今日依然还会有 101 岁的伽达默尔"讲经布道"的身影，而我却没有机缘亲耳聆听。

我知道，离开这里的时候，更多的不是满足，而是遗憾。

内卡河是充满灵性的河，它不但成就了海德堡的过去，还将继续观照着它的未来。

夕阳透过山坡上的茂密树林，将古城古堡反射到缓缓流淌着的内卡河上，整座古堡都灵动了起来。

倚栏古老的卡尔·特奥德桥上远眺，古桥南边的桥头堡巍峨挺立，与山头古堡遥相呼应。

赞美这座古桥的诗歌不计其数，浪漫歌剧《老海德堡》就歌颂道：

> 美丽的桥，常常将我运载，
> 当我的心儿充满希望地跳动，
> 我就乘坐你飞过波浪。
> 我觉得你骄傲的拱梁，
> 带着优美弧线移动，
> 也和我一样欣喜欢畅。

俯瞰内卡河，一川逝水，载动百年沧桑，历史的斑痕与山河的雄伟，浑

◉ 海德堡俯瞰

然一体。

一艘艘充满风情的小船从桥洞穿过，河面上随风飘来一阵阵年轻爽朗的笑声。偶尔，有一群鸽子掠过，平添无限祥和，心绪就这样在斜阳与暮霭中沉醉。

教堂的钟声悠然荡漾，人们在从容娴雅中欣赏着这人间浪漫奇佳的美景。

海德堡，不愧是德国最具浪漫情调、如诗如画的地方。

阳光格外喜欢这里，像是上帝智慧式的暗喻。哲学家也格外喜欢这里，所以这里有了一条著名的哲学家小道。

哲学家小道位于内卡河北岸的山丘上。据说黑格尔任教海德堡大学时，经常与朋友、同事在此散步，一起讨论学术问题。

小路曲径通幽，两旁树木葱郁，鸟语花香，被誉为"欧洲最美丽的散步场所"。路旁的一个花园门口，竖着一支向上平伸的手掌模型，掌心里写着简单的一句话："HEUTE SCHON PHILOSOPHIERT？"直译为"今天已经哲学过了吗？"

在内卡河的对岸，山间别墅掩映在郁郁葱葱的树林里，从那里可以俯视古堡废墟在内卡河潺潺流水中的倒影，欣赏海德堡戏剧性的全景——在夕阳的余晖中，城堡上壮观的红色沙岩迸发出光彩夺目的金黄色泽；夜幕降临之后，城堡废墟在泛光灯的照耀下似乎漂浮在冥冥的黑暗之中。

只有时空交融，才能够进行沉思冥想。哲学家之路，留下了多少哲学家和科学家的足印，黑格尔就是在这里完成了他那部著名的《哲学全书》，第一次向世人展现了他的哲学体系；费尔巴哈、马克斯·韦伯也将这里作为自己的学术殿堂。

德国出哲学家，也崇拜哲学家，就这么一条小路，一旦同哲学家连在一起，就成了圣地。而这里宁静、单纯的乡村般的生活，又与文化巨人们那深邃复杂的思想形成了特殊的和谐与共鸣，成为歌德、席勒、舒曼、勃拉姆斯的艺术摇篮。特别是德国浪漫主义的画家和诗人，常常因海德堡的美妙而心荡神驰，海德堡的无穷魅力一次又一次地激发着他们进行不朽诗篇的创作，内卡河畔留下了他们无限的艺术情思。

在海德堡，教堂与街市、古桥与宫堡，全都被编织于破毁与重建、科学与研究、艺术与工匠的历史中，即使不是诗人与艺术家，潜伏在人们心中的诗兴也会被风情四溢的迷人景色催生。

老城内纵横漫步，窄巷里古意盎然。一座古老宫殿，一条老步行街，一架古桥，一所古典大学，一条哲学家之路，对这座歌德曾经来过八次、"将心遗落"于此的城市，每一个人都充满了景仰。

在卡尔·特奥德桥桥头堡旁边，有一个铜猴，它的手中托着一面铜镜，据说，如果摸了铜镜，就会再次回到海德堡。我真想将它偷走，永远握在手中。

30
奔驰的斯图加特

我怀着青春的遐想，
热情洋溢地拥抱自然。

——［德国］席勒：《理想》

　　山清水秀、风景迷人的斯图加特，位于内卡河中游的河谷地带。它是巴登—符腾堡州的首府，人口 58 万。

　　斯图加特的历史可以追溯到 1000 年前。公元 950 年左右，一位公爵看中这里青山环绕，水草丰美，于是把这里辟为养马场。13 世纪这里发展成一座要塞。14 世纪符腾堡伯爵迁来府邸。此后，符腾堡国国势日隆，升为公国、王国，都城斯图加特的地位也步步提升，市区逐渐扩大。1871 年德意志帝国宣告成立，符腾堡王国作为一邦加入，斯图加特遂成为帝国西南重镇。

　　从 19 世纪中叶起，斯图加特开始工业化，各类工厂如雨后春笋破土而出，市区所在的盆地显得过于窄小，于是工厂企业逐渐向坡地发展，向郊区发展，形成大斯图加特工业区。第二次世界大战中，斯图加特饱经战火，13 世纪以来逐渐发展形成的市中心，皆成废墟，现在市中心许多建筑物都是 50 年代期间重建的。战后，斯图加特的经济发展蒸蒸日上。历史上，斯图加特所在的施瓦本地区比较传统、保守，因此当地人一度被北德意志人称作"土包子"，但现在这里却是德国最富裕的地方之一，居民人均收入居全德之冠。

　　奔驰汽车是这个城市的骄傲和标志。当黄昏时分乘车从山路上蜿蜒而下俯瞰全城的时候，首先映入眼帘的，就是奔驰汽车著名的三星标志，高高地耸立在群山环抱的城市当中。

斯图加特尽管是德国最大的工业城市之一，有着繁荣的经济，但它仍保持着绮丽可人的自然美景。

葱绿的草地、参天的大树、妩媚的湖泊、精美的雕塑，处处交相辉映，赏心悦目。这里的空气清醇湿润，弥漫着一种草木泥土混合起来特有的气息，沁人心脾。树木稀疏的地方，阳光照射下来，色彩浓淡不同，光影变换交织，眼前一片明亮、耀眼的绿。

每个人的脸上都荡漾着笑意，洋溢着亲近大自然的踏实和幸福。

斯图加特"原始美"与"现代美"的巧妙结合，让我不禁感叹：这不就是海德格尔所向往的"诗意地栖居"吗？

斯图加特市中心的宫殿广场，可以说是德国最美丽的广场：喷泉、栗树、音乐亭和纪念柱装点着四周，巴洛克风格的宫殿向人们展示着昔日王宫的骄傲和尊严。

广场草坪是开放的，人们可以自由行走、坐卧。草坪周围矗立着高大的乔木，阵阵晚风吹来，树叶飒飒作响，飘然而落。

天色暗淡下来，游人越来越少，时间已是黄昏。坐在树下的木椅上小憩，记下一天来的见闻、印象，身后传来孩子们做游戏的喧闹声，时高时低，忽远忽近。

席勒广场在宫殿广场附近，它肃穆幽深，好像时刻在向人昭示着一代文豪的辉煌与不朽。广场上的古宫、修道院和老总理府，散发着 400 年之久的历史沉香，更能令人缅怀古老的斯图加特。

斯图加特还是大哲学家黑格尔的故乡。埃贝哈德街 53 号，1770 年 8 月 27 日，黑格尔在这里诞生，并在此度过了童年、少年和青年的最初时光。

如今，这幢临街的巴伐利亚风格的三层白色小楼在车水马龙中毫不起眼，要不是临街的一面墙壁上刻着"黑格尔故居"几个字，大概没有人会多看它一眼。

伟大的哲学家一生质朴无华，一如他所矢志追求的"绝对真理"。

在寂静和古朴的小房间，伟人曾经使用过的工作台、圈椅和古旧的烛台，依然摆放在那里。论文手稿已经泛黄，但哲人智慧的、思想的和人道的光芒却依然在闪亮。

他的活动是内在的，虽然只反映在他的思想和著作中，但却在人类的精神史上留下了深刻的足迹。正如恩格斯所说："黑格尔的体系包括了以前的任何体系所不可比拟的巨大领域，它在这一领域中发展了现在还令人惊奇的丰富思想。精神现象学、逻辑学、自然哲学、精神哲学等等，——在所有这些不同的历史领域中，黑格尔都力求找出并指出贯穿这些领域的发展线索，同时，他在每一个领域中都起到了划时代的作用。"

他是一个伟大而深邃的灵魂，他以耶稣般无助而诡秘的眼神，目睹了人世间发生的一切；他听见了卢梭对自由平等的呐喊，他看见了康德向善良意志的求助；在他的周围，聚集着为理想而疯狂的精灵，有歌德和荷尔德林，有斯宾诺莎和谢林，还有马背上的世界精神；他为革命而激动，而欢呼，而惋惜，而愤怒！当一切都烟消云散之后，由他塑造的"绝对精神"已在人间永驻！

然而，在号称"后现代"思想的舞场上，黑格尔踪迹难觅。虽然"思想解放"只有短短的二十多年，但是中国思想界似乎已经跨越了整整一个世纪，我们似乎已经从现代性阶段一下子跳到了后现代性阶段，黑格尔及紧随其后的人物、思想也不再占据我们的思维空间，人们似乎已经遗忘了黑格尔，甚至有人遗忘了马克思。

反黑格尔，是近两个世纪哲学的主题之一，无论是近代科学哲学中的分析哲学、语言哲学，现代人文主义思潮中的法兰克福学派、存在主义、现象学运动、结构主义，还是当代的后现代主义，黑格尔哲学都是他们攻击的基本目标，他们组成了一个反黑格尔家族，形而上学、基础主义、本质主义、逻各斯中心主义、国家至上主义、对自由和理性的过分推崇、绝对主义、历史主义、折中主义、保守主义等，构成了黑格尔哲学的基本罪过。

然而令人惊奇的是，黑格尔哲学却在这样一片反对声中表现出了顽强的生命力，经过近两百年的斗争，黑格尔哲学的对象一个个地衰落或死去，而它却仍然在那里坚强地活着！

今天，尽管已经没有一个人会说自己是黑格尔的信徒，尽管黑格尔哲学已经成为现代派、后现代派衡量自己学术活动合理性的消极尺度，但是，黑格尔所揭示的真理远远没有被穷尽，我们仍然生活在早已被黑格尔赋予了全部意义的时代里。

说起斯图加特，一定要说到汽车，因为这里是"奔驰"的故乡。而参观奔驰汽车制造厂的戴姆勒——奔驰汽车博物馆，无疑成了斯图加特之行最令人兴奋的内容。

追溯汽车的发展史，德国奔驰汽车可称得上是"四轮"的鼻祖，它比美国汽车大王亨利·福特 1896 年制成的第一辆 "不用马拉的车" 还要早整整 10 年。

在奔驰汽车博物馆，80 种具有里程碑意义的车型荟萃一堂，让人们有幸目睹世界上首批汽车和早期奔驰汽车的尊容。

德国奔驰集团的全称为 "戴姆勒—奔驰股份公司"，这一名称取自汽车的发明者，也就是奔驰集团的创始人——比尔·奔驰和戈特利布·戴姆勒这两个德国人的名字。经过一百多年的创业历程，"奔驰" 已经发展成为德国第一大企业、世界第一汽车品牌，奔驰汽车也成了德国货的代表。

有了汽车，就有了高速公路。一路上坐着舒适的大轿车，在德国的高速公路上充分体验了从巴伐利亚山区向北德平原过渡的乐趣。

"诗一般的动力！这才叫真正的旅行！这才是旅行的唯一方式！今天在这儿——明天就到了别处！一座座村庄，一座座城镇，飞驰而过——新的世界不断出现！多幸福啊。" 看过肯尼斯·格雷厄姆《杨柳风》的人，都会对那位趾高气扬的蟾蜍先生歌颂汽车所带来的快乐心驰神往。

擅长造汽车的德国人认为，汽车就是驾驶的，速度是它的魅力所在，如果限制车速，还不如跑步！因此，所有德国著名的汽车品牌，首先标榜的就是 "驾驶的乐趣"，比如宝马、奔驰、奥迪、保时捷等；因此，德国成为世界上唯一的高速公路不限车速的国家。

所以，一到了这里，就连一路上中规中矩的比利时老司机，也跟撒了欢儿似的，哼着小曲，把车速陡然提高了许多，把车子开得飞快——一打听，时速 200 公里！

即使这样，也不见追上一辆前面的汽车，反倒眼见色彩鲜艳的大货车、小汽车，跟玩儿似的一辆一辆地从旁边呼啸而过，越跑越远。而许多开着车的司机竟一边手握方向盘一边喝着咖啡，有的还在看着书！

呜呼！难怪德国人的赛车运动水平在世界上无人企及！难怪舒马赫出生在德国！

对德国人来说，在高速公路上驰骋是一种不可抗拒的诱惑和快感。而令他们更着迷的，则是汽车本身。

德国是汽车王国，德国人爱车之情恐怕远远超越了对其他事物的喜爱，他们所拥有的世界上最豪华的汽车阵容令任何一个国家都无可比拟：斯图加特是奔驰和保时捷的基地，慕尼黑出产宝马，沃尔夫斯堡生产大众，路斯德海姆生产欧宝，英格尔斯达特制造奥迪，同时宝马还控股劳斯莱斯、奔驰控股克莱斯勒。

因此，有人说，奔驰"驱动"德国、德国"驱动"世界——世界上每一条高速公路上都有德国汽车在奔驰，这一点恐怕不会有人质疑。

到了德国，才知道奔驰、宝马并不一定是身份和金钱的象征。

刚到斯图加特，见了保时捷跑车就瞪大了眼睛，但不到一天，就感到两眼发酸——好车太多了，根本看不过来。

在德国，普通的奔驰和宝马汽车只需两三万欧元，而大众汽车（顾名思义就是老百姓开的车）就更便宜了，所以满大街上看见的都是造型别致的高级小汽车就不足为怪了。

斯图加特的有轨电车同样给我留下了深刻的印象。车厢里很空荡，整洁而又安静，和穿着整洁的德国乘客很相配。

大概是德国人的性格使然，乘客多是手拿一本书或一份报纸在阅读，要么就是把视线投向窗外的景色，即使默然相向，也没有人聊天——欧洲人一向认为在公众场合大声喧哗是可耻的。

对面坐着一个小女生，双腿自然地并拢，上了车就乖乖地打开了书本——与中国女孩完全不同气质的德国女孩。

令人惊奇的是，一些母亲竟用童车推着几个月大的婴儿乘坐电车，婴儿的口中则含着奶嘴，亮晶晶的眸子无邪地打量着四周，似乎想搞明白为什么有这么多"人"在东奔西走。

在我的印象中，在国内这么小的婴儿通常是不出门的，即便出门也要大人抱着才对。而这里的母亲们似乎并不担心这样会有什么不便，因为肯定有人让路和让座。

从车上下来，驻足站台，看着电车悄无声息地从身边驶过，深嵌在方石路上的轻轨在它的身后不断向前延伸，仿佛依稀追寻到了浪漫时代和狂飙突进时代的气息……

到了德国，人们最多的感叹恐怕是这个国家的清洁、美丽和秩序井然。这一方面是大自然的恩赐，另一方面，是因为环境保护的观念早已在人们的心目中根深蒂固。

每户德国居民住宅前一般都有黄、蓝、黑、绿四只色彩鲜明的垃圾桶，桶上都贴有简明易懂的垃圾分类图案——黄桶装废弃金属、包装盒和塑料，蓝桶收集废纸，黑桶收集普通垃圾，绿桶收集生物垃圾，如茶叶、鸡蛋皮等。

世界上大概还没有第二个国家像德国这样将垃圾严格地进行分类回收，

因此，在倒垃圾方面，德国人的规定也十分繁多，但德国人都一丝不苟地按照规定办事。

而一些刚到德国的中国留学生则很不习惯，特别是因为德国人对条条框框的遵守非常认真，尽管许多留学生以入乡随俗的态度认真而谨慎地对待，还是会在不少场合受到批评。

据说，有一次一名中国留学生将装牛奶的纸盒扔到了装废纸的垃圾桶里，结果他的德国邻居毫不客气地说因为牛奶盒的表面有一层塑料薄膜，所以它应该被扔到装塑料的垃圾桶里。另一次，他白天将香烟盒扔到装废纸的垃圾桶里，晚上回来房东为此专门找其"谈话"，因为他犯了严重错误：没有将香烟盒里的锡纸取出来。

凡是到过德国的人，都感叹这里生态环境是如此优美，殊不知这其中包含着诸多的因素，垃圾分类是一方面，公众的综合环保意识与素养也体现在其中，所以，当听到每年都有成群结队的德国志愿者到中国来给长城捡垃圾的时候，也就不足为奇了。

在德国，无论城市还是乡村，人与自然都达到了一种高度的和谐，人们不忍心去破坏自然，破坏它简直就是罪恶。

在这里，人与鸟兽共存、和睦相处的景象随处可见。在饭店的草坪上，每天都能看见野兔、松鼠；天鹅与野鸭在水中嬉戏，全无生命之虞，人们对它们伸出的是援助之手，绝不会为一餐之美而断送其生命。

德国是世界上第一个赋予动物以宪法权利的国家，规定"人和动物享有平等的权利"。所以，德国人在吃的方面与任何一个国家相比都"自愧不如"，而对中国人什么都敢吃的"精神"，更是"瞠目结舌"。

在德国的城市，几乎没有裸露的土地，在游乐场、公园，凡是游人行走的小路，或是儿童游乐的场所，都铺上了碎木屑。

斯图加特著名的商业街，很气派，但不喧闹，如果走累了，随便找个地方坐下去，绝不会沾上尘土。"马路餐桌"到处都是，却毫无煎炒烹炸的烟熏火燎，更不用担心沙尘和卫生问题。

高速公路经过的乡村小镇，教堂的建筑既醒目又别致，或在牧场边上，或在池塘河畔，既增加了教堂的神秘色彩，又保证了人与自然的和谐。

让德国人骄傲自豪的秀美山川，恐怕应归功于德国的环保教育。

德国人的环保意识从娃娃抓起。一年级的小学生刚到学校报到，就会领到一册环保记事本。记事本封面一片绿翠，上面印有森林、草原、草地和田野，就像在高速公路两旁可以见到的风景一样。

环保记事本的设计精心别致，扉页之后的每一页的左上角，都印有精美的风光照片：在阳光下闪着白光的庄严雪山，干净得透明发亮的河流，月朗星稀、静谧神秘的夜空，撒腿飞奔的鹿群……编者意在告诉孩子：热爱大自然，热爱我们生活的优美环境，也热爱我们身边或大或小、或强或弱的生灵。

在学校，老师不仅将保护环境、善待自然的理念贯穿在所有课程中，而且经常带孩子们到户外活动，让孩子们在自然的怀抱中学着种树种花甚至种庄稼，体会食物的来之不易和大自然的恩赐。

孩子也许不会懂得很多环保技术方面的知识，但他们幼小的心灵中，早已播下了热爱大自然、热爱生命的种子。那是一种信念，一种生活态度。

"自然界是自我异化的精神。"这是黑格尔的感叹。

在德国人的心目中，塑造德国精神的自然生态，以森林的功绩最为卓著。两千年前，日耳曼人的定居者所面对着的景物，就是森林，所以至今仍有以"wald"（树林）和"holz"（树木）为词尾的地名。

随后，他们从森林中走出来，"牵马拉牛，携犁带车"，怒吼着横扫欧洲；而后，当人们被现代社会的恐怖与焦虑击垮的时候，当人们身陷秩序井然的都市生活却迷失自我的时候，心灵的回归之处也正是森林。

泰勒说，德国人有过空前的自由，有过空前的专制，却未曾有过中庸。这就很像森林，冲天乔木忧郁问天，荆棘刺藤遍地蔓延，有神性，也有魔性，都是极端化的存在，可以敬之仰之，痛之恨之，却很难找到庸俗无聊；不像平畴浅草、春光柳岸，除了花枝招展，尽是食色性也。

我记得，英国启蒙学者威廉·葛德文经过考察，认为地理、气候对一个地区居民的习性是有着决定性影响的。就欧洲来说，北方人硬朗、挺拔，心胸开阔、勤于思考；南方人柔弱、胆小，诡秘狡黠，耽于淫乐；而森林，则既是这种差异的地理界限，又是这种差异的心理分野。它不亮丽，也无花香，就那么静静地茂盛勃发，一眼望去，深厚而幽远。

可以说，森林对一个民族具有深远的影响；而森林的危机，就是民族精神乃至人类精神的危机。

"倘无古老而缄默的山林横亘于前，心灵的波涛将不会如此壮丽地飞溅起来而化为思想。"德国诗人荷尔德林的名言，形容性格命运与生存环境的休戚相关，再恰当不过了。这一点，斯图加特和斯图加特的德国给了我们最好的例证。

31
法兰克福学派的幽灵

　　法兰克福位于德国中部的黑森州的莱茵河畔，所以它的正式名称叫"莱茵河畔的法兰克福"，德语意为"法兰克人的河滩"。这里是德国通向世界的空中门户，到德国乃至到欧洲的游客大都先降落在法兰克福机场，然后再转机或乘火车到达各地。

　　法兰克福古老而年轻，尖顶教堂、百年古屋与现代化的摩天大厦，错落有致地倒映在莱茵河上。尽管已是 12 月，青葱翠绿的颜色和五彩缤纷的花朵早已退去，但金色的阳光依然带着一抹喜悦与惬意，戏谑地透过那些略带伤感的草木枝叶，照耀着每一寸土地。

　　或许是因为这些明媚的阳光，街道与建筑都与慕尼黑的雪景形成了强烈的反差，一种亮丽的朝气不知不觉就笼罩了整个城市。

　　法兰克福在世界十佳商业城市中排名第五。它不仅是德国金融业和高科技业的象征，还是欧洲的金融中心，是德意志中央银行、欧洲第三大证券交易所、欧洲中央银行的所在地。这里拥有 400 家银行、770 家保险公司以及无以计数的广告公司。在这座城市里，仅为银行工作的人口就超过了五万，71%的人从事服务业。这里还是欧洲大陆最繁忙的会展场所，每年大约有五万个会议在这里召开，260 万旅行者拥入此地参加各种商展。

法兰克福拥有德国最大的图书馆——德意志图书馆，联邦政府规定，凡于 1945 年以后出版的德语印刷物都有义务提交它保存。大约 500 个出版公司集中此地，其中包括世界最大的出版公司贝塔斯曼，所以法兰克福又被称作世界图书业的中心。

每年 10 月金秋季节举行的法兰克福国际图书博览会，堪称"书业中的奥运会"，是世界最大、最有魅力、最具影响力的书展，吸引着大约 100 个国家、9500 家参展商以及 30 万参观者。

法兰克福书展追溯起来差不多有 500 年的历史。早在 16 世纪，这里就是拉丁文精装巨书出版商的聚集地，从佛罗伦萨到阿姆斯特丹，各地出版商都会聚于此。第二次世界大战后，为了振兴德国文化，1949 年在保罗教堂举办了首届法兰克福书展，经过半个世纪的发展，书展已经成为法兰克福的一个国际品牌、一个法兰克福人的节日。

法兰克福国际书展对爱书人来说，无异于穆斯林的圣地——麦加。整个书展期间，到处都是熙熙攘攘的读书人的身影，来参观的读者挤满了各个展厅，有白发苍苍的老人，也有坐在童车里咬着奶嘴的婴儿，很多人席地而坐，迫不及待地翻看着刚拿到手的新书。就连到这里"卖书"的参展商，在空闲的时候往往也是手执一卷，看得入神。

德国人爱书、喜欢读书是举世闻名的。据调查统计，在德国，14 岁以上的人中有三分之一每天读书。

的确，在德国的日子里，时时处处都能感受到读书的气氛，不管是在幽静的草地上、芳香的咖啡馆里，还是在飞驰的火车上，人们都会手捧一本书，聚精会神地沉浸其中。

德国人不仅喜欢读书，还喜欢购书、藏书，亲朋好友馈赠礼物也常常少不了书。据统计，德国每个家庭平均藏书近 300 册，人均藏书有 100 本；一个普通的德国家庭，每月购买图书的支出约占业余爱好支出的 10%。德国人常说："一个家庭没有书籍，等于一间房子没有窗户。"

展览期间，除了看书，展馆内星罗棋布的小酒吧、咖啡屋和餐厅也是读书人以书会友的绝佳场所，想象着这里座无虚席，或高谈阔论，或欢声笑语，热烈而不嘈杂的节日氛围，不禁期盼着规模虽小、但已具备同样品质的北京国际图书博览会更进层楼。

法兰克福不愧是"德国的书柜"，走在大街上，店面不大、装饰简洁典雅的书店随处可见，比起国内许多城市赫然而立的"图书城"、"图书大厦"，

◉ 古老的市政厅，二层的典礼阳台见证了无数的辉煌

虽然少了一些气派，但更显读书人的那一份清静与安宁。

书店的布置也让人耳目一新，阅读岛、咖啡座、朗读场、音像制品试听区和电脑查询台，环境舒适、宽松、宁静、高雅，让读者感受到的是书店的服务意识，得到的是真正的精神享受，难怪一位朋友幽默地说："在德国看书，比买啤酒还方便。"德国，是在用图书丰富着国家的智慧。

法兰克福高楼林立，是德国最具国际化的城市。然而，它还是一座地地道道的古城。

考古资料表明，公元前 1 世纪凯尔特人和日耳曼人就在这里定居，这里至今还保留着古罗马人的建筑遗址。在中世纪的几百年间，法兰克福一直是德意志神圣罗马帝国的选举城。

在我的记忆里，"神圣罗马帝国"第一次出现在中学的历史教科书中，曾经是那么的遥远和神奇。

今天，来到这里，时空仿佛一下子模糊起来：在古城区中心地带的罗马人广场，15 世纪修建的市政厅依然是那么漂亮、神气，好像当年神圣罗马帝国皇帝的加冕仪式刚刚举行完毕。

如今，这里早已成为平民的欢庆场所，1990 年德国队获得世界杯足球赛冠军，在这里举行了盛大的庆典仪式，德国国家队队员登上当年奥托一世宣誓就位的二层阳台，接受球迷的喝彩，与狂欢的人们共享胜利的荣光。

从罗马人广场穿过繁华热闹的步行街区，就到了位于达赫施格勒本大街23—25 号的歌德故居——"歌德之家"。

法兰克福是德国大文豪、最著名的古典诗人约翰·沃尔夫冈·歌德的故乡，1749 年 8 月 28 日歌德就出生在这里，并在此度过了无忧无虑的童年，得到了良好的早期教育。

在这个阳光明媚的上午，我怀着无比崇敬的心情走进了这座四层小楼。

故居的室内是依照歌德作品中的描述来布置的：

一楼是厨房、餐厅、工作室和大客厅。

二楼是宴会厅和音乐厅，走廊的装饰是典型的洛可可风格，而宴会厅的墙纸却是中国式的，被称作"北京厅"，这里是歌德父母当年接待重要客人的主宴会厅，音乐厅里则摆放着一架当时的竖弦钢琴。

走进"北京厅"，中国气息迎面扑来，墙纸是山水、亭台、垂柳和披蓑戴笠临江垂钓的渔人的风景画，巨大的深红色窗帘闲适地挂在窗前，几把深红色的椅子整齐地放在大厅四周。

◉ 德国文学之父——歌德

据说，当时德国上流社会很多人学习中国的东西，歌德的父亲把主宴会厅设计成中国当时的典型风格，当时厅里还存放着中国的瓷器以及其他物件。因此，歌德从小就接触了中国的东西，但年少的歌德倾心的是意大利文艺复兴时期的艺术风格，对来自中国的东西并不是很喜欢，有记载说，他曾经对家中"某些中国的装饰加以讥评"，由此还引起了欣赏中国文化的父亲的不快。

三楼是歌德父母的卧房及书房，展有歌德父母的肖像和歌德本人的肖像，书房中有关法律方面的书籍非常多。

歌德诞生的房间也在这一层，里面还保存着宣告歌德出生时的报纸。走廊上有一座可显示月亏月盈的大时钟，至今还在滴答作响。

四楼是歌德的书房，名为"诗人坊"，歌德在此度过了从少年时代到青年时期的一段岁月，著名的《少年维特的烦恼》就是在这里完成的。这部结合自身爱情经历写就的小说轰动了当时的德国乃至欧洲，使其声名鹊起。书房的墙上挂着一幅年轻貌美的女子肖像，据说她就是《少年维特的烦恼》中的女主人公夏绿蒂，歌德年轻时代的意中人。

1765 年以前，歌德一直与父母居住在这里。法兰克福对歌德一生的影响是很大的，他在 75 岁回顾他一生时说："如果问我哪里作为我童年的摇篮更舒服，哪里的社会与我的思想更接近，哪里最符合我诗歌中的诗意，我只能说，没有一个能超过法兰克福的。"

因此，今天这里就成为人们追寻伟人心灵轨迹、缅怀大师丰功伟业的圣地，法兰克福人也以拥有这位德意志民族的伟大儿子而骄傲和自豪。

在歌德广场，天真烂漫的小学生们簇拥在优雅的女教师周围，静静地聆听着美丽而遥远的故事和传说。

广场中央矗立着的歌德雕像，昂首、凝神，忧郁而深沉地注视着远方，使人很容易就想起他的《守望者之歌》——

为观看而降生 / 为瞭望而工作 / 我置身于望楼 / 为宇宙而欢乐。

我眺望远方 / 我俯视近处 / 望月亮和星辰 / 视树木和麋鹿。

我在宇宙万象中 / 看见永恒的装饰 / 正如我喜爱它们 / 我也喜爱自己。

你们幸福的眼睛 / 你们目光所及 / 不论是些什么 / 都是这样美丽！

……

歌德是德国的莎士比亚。他创造了德意志引以自豪的文学，他的胸臆之中满是思想与活力，他的智慧在高空翱翔，他的身上似乎具有最完整的德意志精神，大家因此而崇敬他、爱戴他、珍视他。

法兰克福的无限魅力，也许有些隐藏于摩天大楼之后，但有时也会在某个角落送给你完全意想不到的惊喜。

在熙熙攘攘的人群中，我信步走进了豪普特瓦大街上的一家 JILBOTE 连锁书店。

书店规模不大，布置却相当精巧，木制的靠墙书架简洁流畅，一直顶到天花板，具有典型的德国"包豪斯"建筑与装饰风格。架子上摆放着各类装帧精美、印刷精致的书籍，顶部特殊的泛光照明，柔和清晰，使所有位置的书脊都一目了然。

整个店堂色彩和谐温暖，庄重大方。三三两两的读者在静悄悄地翻阅着图书，与外面热闹的气氛相映成趣。

在我旁边端坐着一位年迈的老太太，手里捧着一本书，竟忘情地读出了声，那种专注投入真是达到了忘我的境界。

早就知道德国人是世界上最热爱读书的民族，但此时此地亲眼所见的这种无论是在飞机上还是在地铁上，他们都无一例外地拿着一本书静静地阅读的场景，还是给我留下了极其深刻的印象。

游客来到法兰克福，都要去参观古老的教堂、市政厅和歌剧院，或去观赏现代的摩天大楼、证券交易所，而我却愿意驻足在古朴的民房前，去寻觅那些曾经在此留下了理想主义光辉旗帜的哲学大师的足迹。

在莱茵河畔肖恩奥斯彻 17 号，叔本华的故居，我得到了满足。

叔本华在法兰克福生活了 30 年，直到去世。他的一生孤僻不合群，他厌恶热闹，拒绝进入社会，因为没人懂他的"生命流"、"生命意志"，他只能孤独地在绿草坪上散步。

他喜欢法兰克福，说法兰克福"有大都市的舒适，有很好的博物馆和歌剧院"。但他不喜欢法兰克福人，"在法兰克福人眼里，法兰克福好像就是这个世界"，他认为这些小市民脑子空空，却这么骄傲，是典型的"农民式骄傲"，他根本不想去接触这些人。

站在叔本华的铜像前，看着他那永恒思考的形象，似乎看到了一位世界级的哲学大师孤独而寂寞的一生。

　　一位真正的哲学家一定有痛苦的一生，他能看穿社会的真相，却无力回天，因为他永远只是孤单一人，世俗人眼里怪癖的一人。

　　法兰克福有很多值得追寻和体味的东西，然而最能触动思想深处的，还是现代西方马克思主义主要流派之一的"法兰克福学派"。

　　第一次世界大战之后，马克思主义思潮在欧洲风靡一时。1923 年，德国教育部批准成立了附属于法兰克福大学的法兰克福社会研究所，作为研究马克思主义的中心，由此，法兰克福崛起了一批哲学新秀。

　　第二次世界大战后，法兰克福研究所迎来了它的兴盛期，"法兰克福学派"也正式形成，成为当今西方世界流行最广、影响最大的"批判的社会主义理论学派"。

　　之所以要用"批判"一词，是因为他们认为早期的马克思理论中处处闪耀着批判精神，如"黑格尔法哲学批判"、"哥达纲领批判"、"政治经济学批判"等，但后期的马克思，尤其是恩格斯却把"批判性"转到了"科学性"，从而失去了他们思想的光泽，甚至导致了现代西方的社会形态。而法兰克福学派的哲学家们要重新发扬马克思早年的批判精神，他们认为这才是真正的马克思主义。

　　"法兰克福学派"最具代表性的人物有霍克海默、马尔库塞、阿多诺和哈贝马斯，他们的思想在战后西方社会思想界产生了重大影响，并在 1968 年学潮中达到了顶峰。

　　"法兰克福学派"的旗帜是"批判理论"，他们的批判对象不仅针对资本主义社会，也针对苏联模式的社会主义社会。他们试图解决传统理性主义难以解释的重大时代问题，诸如：为什么在革命条件成熟的时候，工人阶级都屈服于资产阶级的蛊惑与欺骗？为什么少数法西斯分子操纵了大多数有高度文化修养的德国人？为什么先进的科技和高效率的管理可以被肆无忌惮地应用于战场和集中营中的屠杀？为什么人民群众在争取民主和自由的革命胜利之后，又在新的集权主义的铁腕下陷入新的奴役和压迫？为什么资本主义国家的工人心甘情愿地受剥削压迫？等等。

　　20 世纪 80 年代中后期，"法兰克福学派"在国内曾影响了整整一代学人，它那"批判的理性"和"理性的批判"精神，成为"启蒙"与"反思"运动的主要思想来源之一。

　　然而，到了 20 世纪末，在全球化思潮的冲击下，"法兰克福学派"作为一个学派已经不复存在了。

感受老欧洲

　　2001 年 4 月，它的末代传人哈贝马斯在中国的演讲表明，他也已然不是"西方马克思主义者"了。而中国真正的理性批判主义者，更是早已销声匿迹。

　　即便这样，还是有人欲借哈贝马斯的访华来延续前些年恶性的争论，似乎谁能做上哈贝马斯的"代言人"，谁就能把对方批倒批臭。神圣的学派变成了丑陋的帮派，哈贝马斯见证了这样的丑陋。

　　"一个成功的学派，起决定作用的是学派思想领袖的感召权威，他必须具有人类的最高才智和天赋，他以真理为重的精神，为智力活动提供了自由的空气。"在如今这样一个物质和利益漫天飞舞、精神和梦想无处寄托的混乱时代，无论何时何地，都已无法找到能够使人眼明心亮的"先知先觉"了。

　　尼采死了，萨特走了，没有了一颗颗孤寂灵魂的陪伴，只有在对历史陈迹的不断探寻当中，空享追思的快慰了。

32
长长的风景（跋）

幸福是目标，
哲学是道路。
祝所有的人旅途愉快！

——［法国］斯蓬维尔：《小爱大德》

有人说，欧洲极不真实，因为她就是一个童话；有人说，欧洲是一张张明信片，移步换景，令人恍在画中游；还有人说，欧洲是上帝最为眷顾的地方，是人类梦想的家园，因为那里积淀了太多太多的文明……

拜伦说："在传奇和诗意的联想上，欧洲别具魅力。"

走长长的路，看长长的风景。当无边的梦想变成眼前的现实，一切都是那么自然而又终生难忘。

从北海岸边的荷兰，经比利时、卢森堡，穿越法兰西大地，沿着地中海的蔚蓝海岸，到达第勒尼安海东侧的比萨，斜穿意大利抵达亚得里亚海西岸的威尼斯，再经维罗纳北上，直抵阿尔卑斯山深处，在奥地利的绝色美景掩映下，进入德意志。一路上乘坐舒适豪华的大轿车，饱览西欧大陆秀美的田园风光，实在是一种绝妙的享受。

坐汽车阅读欧洲，相连的大陆并无国界，但在流动的风景中，却依然容易从建筑色彩、自然文化与风土民情中领略到各国新鲜有趣、惊奇动感的独特风光。又"老"又"旧"的欧洲，依然到处散发着令人不可抵挡的诱惑和魅力：历史悠久、文明璀璨，体现着"老"的底蕴；哲人辈出，巨著皇皇，

感受老欧洲

表现着"老"的睿智……几百公里看下来，未见一处张扬，未见一处造作，未见一处粗俗。荷兰的精致，比利时的典雅，卢森堡的玲珑，法兰西的绚丽，摩纳哥的神秘，意大利的古朴，奥地利的静谧，德意志的雄浑，还有阿尔卑斯山的壮美，就如同一幅镶着金边的油画，在光和影的映衬下熠熠生辉。

人生道路上的风景何尝不是如此呢？

波德莱尔说："真正的旅行者是那些为出门而出门的人，他们轻松愉快如同飘游的气球，然而他们绝不会偏离自己的目的地。也不知为什么，他们总是说：'上路吧！'"（《恶之花》）美国作家凯鲁亚克的长篇小说《在路上》，更是潜移默化地影响了第二次世界大战后西方人的生活的心态，一举超越嬉皮世界而成为大多数人的精神信仰。

然而，对于没有艺术之神眷顾或流浪天性驱使的大多数人来说，要想改变自己的生活是艰难的——推动沉睡着的人们前行的，不过是生活本身的巨大惯性，而不是因为渴望拓宽心灵空间而产生的激情。

尽管人们清楚地知道，他们现在拥有的生活并非就是他们所向往的生活，但人们仍旧会因为恐惧与疏懒而放弃改变——讨厌潮湿的人，终身生活在细雨绵绵的城市里；而钟爱辽阔原野的人，却在拥挤狭小的公寓中度过了一生。

人们生活在那里，只是因为人们碰巧生活在那里。房子只是钢铁或石头的住所，与自我没有关系，与灵魂没有关系。灵魂终生在没有庇护所的屋子里做梦，直至老死。

然而，也许我们真正的家在地球的另一侧，在大洋中心一个美丽的岛上，或在几千里外的峡谷丛林中……法国作家圣埃克苏佩里说，他要把家建成一条乘风破浪的船，而不是山脚下的一座房子，因为人的家园并不是物质的形态，而是心灵的秉性，一旦从对物质的依傍和附和中解脱出来，心灵便是最清爽、最自由、最会飞翔、最有创造力的东西。他明确表态："我不喜欢心灵坐定的人。我恨定居者。"

泰戈尔感叹：人的双脚从出生起就受到精心的照料，以免于泥土赤裸裸的接触，而我们对脚下的大地又是多么的一无所知。

文明的物质世界既不是人类进步的开端，也不是结尾，每个人只有将属于自己的时间交回自然的手中，在没有硝烟和喧闹的地方寻找生命河流的源头，才能让自己的肢体和生命超脱生物链的羁绊，才能体验身为智者的快乐与逍遥。

所以，不管那个安顿身心的地方有多远，找到它有多艰难，只要它能给予生命的光彩，那么就像弗朗西丝·梅耶斯一样，上路吧。

对自然的贴近，可以使人获得心灵上的释放与满足。在远离尘嚣与繁缛杂务的羁绊之后，在丢弃礼俗之见与陈规陋习之后，让灵魂自由放逐，是最富人性关怀的生活方式。

一次旅行，就是一次心理的调适。饱览湖光山色、飞瀑流泉，沉思于古典的文化遗存之间，既不是简单打发时间，也不是在"苦旅"、"笔记"之类的"行走文学"大行其道的潮流中随波逐流的慨叹。它是闲适自由的悠然涌动，个性品格自然的自我感动，思绪放飞山水的心理需求，诗意和温情的渴望与冲动……

"美是永恒的喜悦"，每一个上路者也许各有目的，美却总是他们共同的追求。那种美，也许只有亲身去体会和欣赏才能更好地感受。因为美，便可以继续前行——美是上路的理由。用苏格兰历史学家卡莱尔的名言来说，就是：在你降生之前，悠悠千载已逝，今后的悠悠千年正沉默地等待着，看你如何开始你的一生。

读万卷书，行万里路。

一个人无法延长自己生命的长度，却可以通过走路和读书延伸生命的厚度和深度。触摸历史，可以使人变得深厚；接触自然，可以令人心胸开阔。正是在这个过程中，人类的智慧才一步步走向了博大精深。

西方人的旅游观，绝对不是国人所热衷的游山玩水。

后现代主义者认为，人在阅读外在的自然的时候，实际上在阅读人同自然的关系，本质上是在阅读自己，阅读人作为一种"文化了的自然"的本身。

这种阅读是自我的反思，文化的反思，体现着人的内在生存价值。所以，人们不应仅仅满足于观光，成为那头"走遍了世界，出去是什么，回来还是什么"的骡子。要学会去用心体会，获得心灵和人格上的收获，甚至发现自己内心的独特世界，就像梭罗所说，去发现人的内心的更高纬度，做一个能发现自己内心新大陆和美丽新世界的哥伦布。

当然，内心的发现有时确实需要某种特殊的客观对应物，而这，仅仅需要一份好奇心而已。

人类正是在好奇心的驱使下，选择了波澜壮阔的生命轮回方式——在无始无终、无边无涯的宇宙漫旅中，始终荡漾着一种"绝对精神"：不畏惧人生苦旅，而将其看作一个"在路上"的历程；在世界上保持着为人的执著，在无限时空中显示着人的不可代替。虽然许多东西必将逝去，但绝非代表着人类精神的虚妄，肉体灰飞烟灭，灵魂却继续上路。

因此，"在路上"绝不只是一种外在的漂泊的形式，只要你带着上路的决心，不论你身在何处，总会追寻到"在路上"的智慧，人生也将因此而丰满起来，宇宙也将因此而辉煌无限。

谁也不会孤独地存在这个世界上。

梭罗在离群索居三年之后重新回到了社会，海德格尔隐居乡村，却无法忍受难以与淳朴乡人交谈的时光。

谁能成为真正的隐士？即使躲得开红尘，也躲不开自然。

著名的科学哲学主义者卡尔·波普尔毕生致力于揭穿人类认识的迷雾，重申世界上没有所谓的"绝对精神"，也没有"上帝的意志"，而只有个体的人——然而到了晚年，波普尔教授不得不承认，这个世界上存在着令他无法解释的"外在于人的"的知识和力量，它们有自己的生命轨迹；而人类的历史更多的是受着这种神秘力量的牵引和驱使，人们最终看到的真相，只是这种力量作用的结果，却永远不会洞悉这其中的奥秘所在。

在树影掩映下的路边咖啡座里，独自一人悠闲地呷着咖啡，广场上的行人偶有驻足，彼此都成为对方的风景。

柏拉图说，人的心愿不外有三：健康的身体、通过诚实获得的富裕以及内外兼修的优雅美丽。多么希望时间在此能有片刻的停留，让人们尽情享受这一份优雅和美丽的心情。

然而，匆匆的行人却无情地提醒着：时光流逝，命运无常。生命就是行走的过程，谁知道在人生的下一秒钟会有什么发生？"不是死亡而是生活才是永无止境的。"这是加西亚·马尔克斯在《霍乱时期的爱情》里说的话。

人生被时间划分得有长有短，有快有慢，有的步履匆匆，有的悠闲惬意，有的快乐，有的痛苦，由此构成了人类思考的永恒主题。那么，谁又能说这不是人类精神的一种旅行呢？

分不清是梦里还是眼前的光景，云雾缭绕的山峦，绿草如茵的大地，碧空如洗的蓝天，舒缓清澈的河流，细雨中的红枫林……还有街边咖啡座里到处洋溢着的微笑的目光，只一闪，便觉得日月悠长、山河无恙。

佛罗伦萨的老桥，威尼斯的水巷，海德堡的古堡……已经成为这些城市的名片，想到这座城市，就会想到它们，使身在其中的人和从远处专程来"赴约"的人，都把它当作自己精神上的另一处家园和情感上的另一份眷恋，静下时慢享它的风韵……

无数次的沉醉，仿佛又被地中海岸边的斜风细雨打湿了衣襟。

时空交融，宛若轮回。艾略特说：

> 我们将不停地探索
> 而我们一切探索的终局
> 将是到达我们的出发地
> 并第一次认识这个地方

其实，每个人最想去的地方，都是埋藏于心底的影子城，归来时，只要保留着那一份身临其境的感动，就足够了。